최성애 박사의
행복 수업

최성애 박사의

행복수업

소중한 인생을 함께하기 위한
가트맨식 부부 감정코칭

해냄

| 머리말 |

1

　며칠 전 저희 부부가 다투었습니다. 이틀밖에 안 지났는데 딱히 무엇 때문이었는지 기억이 안 날 정도로 아주 사소한 것이었습니다.
　저희 남편이 저녁 늦게 귀가하는 길에 둘째 시누님과 같이 온다면서 전화를 해주었습니다. 저희가 새 집으로 이사한 후 시누님이 처음 오시는 것이고 평소 제가 늘 믿고 의지하는 시누님이라 반가운 마음으로 기다렸습니다.
　도착 시간을 대략 예상하고 그때까지 위층 서재에서 이 책의 끝마무리를 하려고 했습니다. 그런데 한 줄만 더, 한 줄만 더 하며 몰입해서 쓰다 보니 저도 모르는 사이에 벌써 남편과 시누님이 도착해 있었습니다.
　남편은 무척 섭섭해하며, 시누님이 집구경을 하는 사이에 서재에 들어와 낮은 목소리로 "당신은 누나가 새 집에 처음 왔는데, 어쩜 나와서 인사도 안 해요"라고 불평했고, 저는 "어머, 생각보다 일찍 오셨네요.

지금 몇 시지요?"라고 방어를 했습니다.

　남편은 말도 안 된다는 듯이 쳐다보며 "집까지 오는 시간이 뻔한데 그걸 모르고 있었다니 말이 돼요?" 하고 다시 비난을 했습니다. 저는 "차가 막힐 때는 많이 늦어지기도 하잖아요. 택시에서 내릴 때쯤 전화라도 한번 해줬으면 내가 문 앞에서 기다렸을 텐데요"라며 또 방어를 했습니다. 남편은 "됐어요. 빨리 가서 인사나 드려요"라고 대답했습니다. 담쌓기입니다. 불과 45초 만에 서로 '원수지간'이 되고 세상에서 가장 미운 사람처럼 보였습니다.

　세계적으로 권위를 인정받는 가트맨 방식의 부부 상호작용과 그 영향에 대해 대한민국에서 누구보다 가장 잘 안다는 저희 부부도 이렇게 사소한 일로 다투었습니다. 평소 같으면 금방 인정하고 사과했을 텐데 오늘은 왜 그렇게 서로 비난과 방어를 반복하면서 기분이 언짢았을까 반성해 보았습니다.

　"Small things often." 서로의 애정을 확인할 수 있는 작은 일들을 자주 하라는 이 말은 가트맨 부부치료의 핵심입니다. 이러한 과정을 통해서 서로에 대한 긍정성을 쌓아가는 것이 행복한 관계의 비결입니다. 그런데 저희는 요즘 바쁘다는 핑계로 서로 긍정적 감정을 충분히 쌓지 못했습니다. 아니 벌써, 그동안 쌓아놨던 정서통장이 바닥났었나 봅니다.

　쉽게 짜증이 난다는 것은 긍정성이 부정성의 5배, 즉 5:1 황금율보다 낮아지고 있다는 경고 신호입니다. 가트맨 박사의 표현대로 코스피

주가가 떨어지듯 저희 관계의 주가가 하락세를 나타내는 증거라는 뜻이지요.

이런 일이 있을 때마다 저는 아주 좋은 공부라고 생각합니다. 소위 많이 안다 하는 '전문가'도 이렇게 작은 일로 감정이 쉽게 상할 수 있는데 하물며 집이나 학교에서 건강한 관계의 방식을 배운 적이 없는 보통 사람들이 왜 관계가 고통스러운지, 어떻게 관계를 회복할지 모른 채 이런 일이 계속 반복되다 보면 얼마나 괴로운 심정일까 공감할 수 있으니까요. 또 결혼생활이 힘들어서 이혼하려는 사람들이 뭔가 크게 부족하거나, 잘못되었거나, 나쁜 사람이 아니라는 점도 이해할 수 있습니다.

마치 치아에 대해 공부를 많이 하고 남의 충치를 치료해 주는 치과의사라 해도 자신의 이를 잘 닦지 않으면 하루 만에도 입에서 냄새가 나고 충치가 생길 수 있듯이 말입니다.

제 경험을 통해 아무리 관계가 좋았던 사람도, 혹은 좋은 치료법을 많이 아는 사람도 제대로 실천하지 않으면 관계가 나빠진다는 것을 다시 한 번 강조하고 싶습니다. 동시에 방법만 제대로 알고 꾸준히 실천하면 관계는 얼마든지 회복될 수 있다는 희망을 드리고 싶습니다.

물론 저는 금방 화해시도를 했고 남편은 최근에 제가 너무 무리하는 것에 걱정 반, 두려움 반이었다면서 화를 낸 것에 대해 사과했습니다. 게다가 평소 저의 든든한 지지자인 시누님이 "자네, 요즘 엄청 바쁜 줄 알고 도와주려고 온 것이니까 걱정 말고 빨리 쓰던 책부터 마무리해"라고 말씀해 주셔서 금방 훈훈함이 감돌았습니다.

순간 우린 또 평소처럼 세상에서 서로에게 가장 사랑스럽고 소중하고 가까운 존재임을 확인합니다. 이것이 부부이고 가족이지요.

2

가트맨 방식은 수치가 정확히 나오는 요리책처럼, 소금 1/2 티스푼, 후추 1/8 티스푼…… 레서피에 적혀 있는 그대로만 재료를 넣어 조리법과 온도를 맞게 하면 예상한 요리를 실패하지 않고 만들어낼 수 있는 아주 구체적이고 실용적인 방법입니다.

예전의 한국 요리책들은 "'살짝' 데쳐서" "소금 간을 '약간' 하고" "'뭉근한' 불에 '적당히' 푹 고은 다음" "'갖은 양념'을 섞어서" 등 초보자에게는 감도 잘 안 잡히는 두루뭉술한 방법으로 설명한 경우가 많았습니다. 그대로 따라하려면 어려울 뿐 아니라 좋은 재료를 가지고도 음식을 망치기가 십상이었습니다. 과거의 부부치료들도 이와 비슷했습니다.

가트맨 방식은 행복한 결혼생활에 대한 실천 가능한 방법을 과학적으로 검증된 방식으로 한 단계씩 구체적으로 알려줍니다. 그 효과도 빠른 편입니다. 그래서 저한테 가트맨 부부치료 전문가 훈련을 받는 제자들에게는 자기 가정부터 회복하고 나서 남을 도와줄 것을 기본 조건으로 합니다. 그리고 매일 이 닦듯, 방을 쓸듯 조금씩 꾸준히 실천해야 한다는 점을 강조합니다.

이 책은 가트맨 부부관계 개선 워크숍에서 쓰는 매뉴얼을 바탕으로 제가 지난 5년 동안 한국에서 여러 부부들을 치료하면서 겪었던 사례와 30년 가까이 공부하고 가르쳐온 심리학, 아동발달학, 사회학, 상담학, 뇌과학 등의 요소들을 첨가했습니다. 우선 기본기를 익히신 다음에는 나름대로 개성과 창의력을 발휘하여 취향에 맞게 응용하실 수 있습니다.

그리고 고통받고 있지만 마땅히 도움을 요청할 곳이 없는 분들이 자가치료를 해보실 수 있도록 가트맨 워크숍의 진행 방식대로 책을 엮어 보았습니다.

여러분도 워크숍에 참석하신 것처럼 책에 나오는 내용들을 하나하나 실천해 보시면 관계의 달인이 되실 수 있습니다. 여러분 모두는 충만한 관계를 누리고 행복해질 자격이 있습니다. 여러분이 행복해질 때 자녀들도 안정되고 행복해질 것입니다.

여러분 가정에 평화와 행복이 깃들기를 기원합니다.

2010년 3월
서초동 사무실에서
최성애

| 차례 |

머리말 5

Part 01 관계의 방식이 부부의 행복을 결정한다

Chapter 01 결혼의 과학, 가트맨 부부치료법 15
Chapter 02 관계의 달인 vs 관계의 폭탄 35
Chapter 03 행복한 부부 vs 불행한 부부 47
Chapter 04 관계를 망치는 네 가지 지름길 65

❝ 사람은 진정으로
자신을 있는 그대로 받아들여주고
좋아한다고 느낄 때
비로소 변화합니다. ❞

Part 02 매일, 조금씩, 사랑을 표현하라

Chapter 05 사랑의 지도 그리기 107
Chapter 06 서로에 대한 호감과 존중 쌓기 125
Chapter 07 마음으로 다가가는 대화하기 145
Chapter 08 긍정적 감정이 밀려오게 하기 165

Part 03 행복한 부부는 지혜롭게 공존한다

Chapter 09 부부간의 풀리지 않는 문제 다루기 179
Chapter 10 엉켜 있는 갈등의 매듭을 풀기 203
Chapter 11 감정의 홍수 상태를 다스리기 223
Chapter 12 서로의 꿈과 가치를 공유하기 245

맺음말 260

Part 01

관계의 방식이
부부의 행복을 결정한다

Chapter 01

결혼의 과학, 가트맨 부부치료법

제가 부부치료 워크숍을 시작할 때 보여주는 사진이 한 장 있습니다. 사진에는 웃고 있는 엄마 아빠 옆에 남자아이와 여자아이가 서 있고 아기도 있습니다. 행복하고 단란한 가정의 모습입니다. 그러나 알고 보니 남자와 여자는 부부가 아니라 동거인입니다.

남자아이는 엄마가 데리고 온 아들이고, 여자아이는 아빠가 데리고 온 딸입니다. 두 아이는 혈연적으로 전혀 무관합니다. 그리고 유모차에 타고 있는 막내는 두 사람 사이에서 태어난 아기입니다.

우리나라에서는 아직까지 생소한 모습이지요. 그러나 미국에는 이런 가정이 우리가 말하는 평범한 가족, 즉 한 번의 결혼으로 이루어진 가정보다 더 많습니다.

실제로 친부모 밑에서 만 18세까지 자라는 아이가 전체 아동의 25퍼센트밖에 안 된다고 합니다. 머지않아 우리나라에서도 이 그림과 같은 모습이 익숙해질지 모릅니다.

현재 우리나라의 이혼율은 OECD 국가 중 1위입니다. 1999년부터 2003년 사이에 이혼율이 거의 3배나 증가했습니다. 최근 들어 경제 위기의 영향 등으로 증가세가 주춤하지만 경제가 회복세를 보이며 혼인 부부 수는 계속해서 줄고 있고, 이 통계에 동거 커플의 만남과 헤어짐은 포함되지 않은 것이기에 아직 이혼율이 줄었다고 판단하기는 이릅니다.

1979년 이전에는 우리나라에 이혼에 대한 공식 통계가 거의 없었습니다. 그 시절만 해도 이혼율이 너무나 미미했기 때문입니다.

1988년부터 조금씩 올라가기 시작한 이혼율은 1998년 IMF 외환위기 때 부쩍 늘었습니다. 그 후 계속 상승해서 1999년과 2000년에는 아시아에서 1위로 올라섰고, 2003년에는 미국 다음으로 세계 2위였습니다. 그랬다가 2006년에는 3위가 되었죠.

이렇게 우리나라의 이혼율이 급격히 상승할 것이라는 점을 저는 1993년에 썼던 『혼수전쟁』이라는 책에서 예측했습니다. 당시 한국의 이혼율은 12퍼센트에서 16퍼센트로 올라갔고, 다들 "더 이상 올라가지 않을 것이다"라고 말했습니다.

그러나 저는 "이것은 시작에 불과하다. 앞으로 40퍼센트, 50퍼센트까지 올라갈 것이다"라고 예측했습니다.

당시에 사회학자와 심리학자들은 "말도 안 된다. 한국은 워낙 유교 전통이 뿌리 깊기 때문에 미국처럼 그렇게 이혼율이 높아지지는 않을 것이다. 최 박사가 미국에 너무 오래 살다 보니 착각하는 것이다"라고 얘기했습니다. 그랬는데 불과 10년 사이에 세계 2~3위로 올라선 것입니다.

지금까지의 부부치료, 약인가 독인가

이렇게 이혼이 폭증하고 있는 상황에서 전문가들은 어떻게 대처하고 있을까요. 우리나라의 경우 얼마 전까지만 해도 결혼생활의 위기에 대한 대처 방식이 상당히 미약했습니다. 부부문제 상담에 대한 인식도 부족했고, 싸우다가 정 못 살겠으면 헤어지는 것 외엔 별다른 수가 없었습니다.

부부문제에 대해서 제대로 진단도 하지 못했지만, 처방조차 개인심리상담을 부부나 가족으로 확장해서 적용했습니다. 때로는 항우울제, 항불안증제, 수면제 같은 약물 처방을 내리기도 했는데, 이런 것들은 근본적인 해결책이 될 수 없습니다.

인지치료나 현실치료, 행동치료 등도 대개 개인상담이나 개인심리치료에 적합한 것이지 '관계치료'와는 관점, 이론, 치료법 면에서 매우 다릅니다.

이런 현상이 비단 우리나라에만 해당되는 것은 아닙니다. 가트맨 박사가 처음 연구를 시작하던 1970년대의 미국도 마찬가지였습니다. 당시 미국에서는 이혼이 폭발적으로 증가했는데, 그에 반해 부부치료 전문가들은 준비가 안 된 상태였습니다.

주로 정신과 의사, 심리치료사, 혹은 개인심리상담사가 부부문제를 다루었는데, 그들의 이론이나 처방만으로는 부부문제를 치료하기에 역부족이었습니다.

일례로 1960~1970년대 미국에서는 한때 '분노를 억압하면 정신 건강에도 안 좋고 관계도 망치니 분노는 가능한 한 맘껏 표출하는 것이 좋다'라는 사고방식이 유행했습니다.

그 방식의 주창자는 조지 바흐(George Bach)였는데, 그는 "부부 사이에서도 분노를 억압하면 그것이 다른 식으로 나오게 마련이므로 분노를 분출하는 것이 좋다"라고 주장하며 그것을 부부문제 치료에 적용했습니다.

말랑하고 긴 고무 막대기 같은 것을 부부에게 쥐어주고 서로 화를 내다가 참을 수 없는 지경이 되면 고무 막대기로 서로를 때리면서 화를 발산하라고 권장했습니다. 때로는 청중들이 보는 앞에서 이런 방식을 선보이기도 했습니다.

한동안 이 방식이 주목을 받았는데, 그것이 과연 부부관계를 개선하는 데 정말 효과가 있는지, 부부관계 회복에 도움이 되는지를 검증해 보니 그렇지 않다는 사실이 밝혀졌습니다. 도움이 안 될 뿐 아니라, 분노를 표출할수록 화가 더 치밀어올랐습니다. 그리고 분노를 분출한 후 몸은 생리적으로 각성된 상태였습니다.

이전보다 더 흥분되고 더 화가 나고, 더 나빴던 기억이 올라왔습니다. 게다가 '아 참! 내가 이 말을 안 했지. 이따가 이 말도 꼭 해야지'라며 머릿속으로 연습까지 할 정도였습니다. 상대가 나에게 옛날 일까지 다 쏟아내고 남들 보는 앞에서 망신을 주며 화를 내는데 가만히 있으면 너무 억울하니까 거기에 반격할 생각을 하게 됩니다. 따라서 심장은 더 빨리 뛰고, 더 흥분되고, 적개심과 투쟁심이 끓어올라 스트레스 호르몬이 더 많이 분출됩니다.

하지만 사람들은 '맞다. 그동안 너무 참고 살아왔다. 할 말은 해야 한다'라며 조지 바흐의 방식을 받아들였습니다.

그러나 이런 잘못된 진단과 처방으로 인해 수많은 부부들이 관계 회복을 위해 부부상담을 받으러 갔다가 도리어 관계가 급속도로 나빠지고 돌이킬 수 없는 지경에 이르렀습니다.

아무리 선량하고 점잖은 사람이라도, 성인군자가 아닌 다음에야 상대가 나의 인격을 공격하고 성격을 비난하면 좋은 반응이 나올 수 없습니다. 서로 비난을 주고받으면서 좋은 관계를 유지하기란 굉장히 어려운 일입니다.

한편 전문가를 찾아가려면 비용도 많이 들고, 찾아가기도 쉽지 않아서 목사, 신부, 스님 등 종교인들에게 도움을 청하기도 합니다. 심지어 무속인을 찾아가는 사람도 있습니다. 하지만 그런 사람들이 아무리 의도가 좋다 해도 실질적인 도움을 주기는 어렵습니다. 암에 걸렸을 때 종교 지도자의 영적인 치료를 받을 수도 있지만, 반드시 의사의 치료를 동반해야 합니다.

무엇보다 우려되는 것은 대중매체를 통한 무분별한 카운슬링입니다. 대중매체의 영향력은 좋든 나쁘든 엄청납니다. 전국 방방곡곡의 안방으로 직접 전달되는 TV 프로그램에 나와서 부부문제에 대해 이야기하는 사람들 중에는 비전문가가 많습니다. 영화배우나 탤런트, 때로는 코미디언이 나와서 '내가 이렇게 해봤더니 잘되더라' '우리 남편이 어떻게 했는데, 내가 이렇게 하니까 말을 잘 듣더라. 바람 안 피우고 집으로 돌아오더라' 같은 이야기를 합니다.

물론 그 사람에게는 그 방법이 맞을 수 있습니다. 하지만 그것이 다른 사람들에게도 적용될 수 있다고 보기는 어렵습니다.

부부문제를 다루는 TV 프로그램을 볼 때 제일 안타까운 것은 전문가라고 나온 사람들조차도 문제를 제대로 판단하지 못하고 진단을 잘못하고 있는 경우입니다. 진단을 잘못하면 처방도 잘못 내리게 됩니다. 소위 전문가라는 이들도 '성격 차이다' '서로 양보 좀 해라' 같은 상투적인 이야기를 내놓는 데 그치는 경우가 많습니다. 이런 이야기를 하는 이유는 아마 그들이 관계치료에 필요한 전문적인 훈련을 받지 못했기 때문일 것입니다.

이러한 현실 속에서 그나마 우리는 불행 중 다행이라고 할까요. 이혼에 있어서 제일 맏형 혹은 맏언니라 할 수 있는 이혼대국 미국을 비롯한 여러 선진국들이 이미 30년 이상 폭증하는 이혼으로 인해 많은 사회적 비용을 치르는 과정에서 부부문제를 치료할 수 있는 여러 방법들을 개발했습니다.

우리는 시행착오를 최소화하고 이미 검증을 거쳐 효과가 입증된 방식을 활용하면 됩니다. 그 대표적인 방식이 바로 가트맨 부부치료법입니다.

가트맨 방식이 중요한 이유

우리나라에 존 가트맨 박사가 처음 소개된 것은 2002년이었지만, 그때는 거의 주목을 받지 못했습니다. 그후 제가 『부부 사이에도 리모델링이 필요하다』라는 책을 내면서 부분적으로 가트맨 부부치료법을 소개했습니다.

그리고 얼마 후 그 책을 읽은 방송국 프로듀서 한 분이 저를 찾아와 가트맨 부부치료법에 대해 꼭 방송을 하고 싶다고 했습니다.

그 이유가, 본인도 좀더 행복한 결혼생활을 하고 싶으니 개인 문제이기도 하고, 회사 직원들 중에도 결혼생활을 제대로 못하고 있는 이들이 많으니 회사 문제이기도 하고, 또 우리나라 이혼율이 심각해지고 있으므로 국가 문제이기도 하다는 것이었습니다.

그렇게 해서 2006년 MBC 다큐멘터리 〈행복한 부부 이혼하는 부부〉를 통해 '가트맨 박사와 그가 체계화한 치료법'을 국내에 본격적으로 소개했습니다.

그 프로그램은 1부는 300만 명, 2부는 340만 명이 시청했고, 재방송 때도 300만 명 가까이 시청을 했다고 합니다. 그렇게 방송을 통해 시청한 사람만 총 900만 명이 넘고, 그후 기업이나 공공단체, 심리치료 기관 등에서도 계속 활용되고 있기 때문에 지금까지 약 1천만 명이 넘게 시청한 것으로 추정됩니다.

객관적으로 효과가 검증된 과학적 방식

앞서 말했듯이 기존의 부부치료는 대부분 전문가라고 할 수 없는 심리치료사나 심리상담사, 목회자 등이 자신의 경험, 철학, 종교, 통찰력 등에 기초하여 자신의 관점이나 믿음체계를 그대로 부부문제에 적용하는 경우가 많았기 때문에 방식 자체에 문제가 있었습니다. 게다가 그 효과를 객관적으로 검증할 방법도 없었습니다.

치료하는 사람들은 모두 자기가 잘했기를 바라지만, 그들의 치료가 정말 도움이 되었는가를 살펴보면 그렇지 못한 경우가 많았습니다. 부부상담을 받으러 갔다가 오히려 관계가 나빠져서 이혼하는 경우도 적지 않았지요.

그래서 '부부문제가 있을 때 전문가를 찾아가면 이혼할 가능성이 더 높아진다'는 말도 있었습니다. 실제로 앞에서 말한 조지 바흐의 '분노 분출하기' 방식으로 관계가 더 나빠진 부부들이 적지 않습니다.

미국에서 심리치료의 효과에 대한 객관적이고 신뢰할 만한 연구를 대대적으로 실시한 적이 있는데, 개인상담에 대한 만족도와 효과에 비해 부부상담에 대한 만족도는 1980년대 중반까지 13퍼센트 이하로 매우 낮았습니다.

보통 부부가 이혼하는 비율은 50퍼센트입니다. 상담을 안 받아도 50퍼센트는 이혼을 하지 않는데, 상담을 받으러 가서 90퍼센트 가까이 이혼한다면 차라리 안 가는 게 낫습니다.

그러나 가트맨 방식은 35년이 넘는 오랜 시간 동안의 연구와 적용을 거쳐 효과가 입증된 방식입니다.

무엇보다 가트맨 방식은 과학적이고 체계적입니다. '이러니까 이럴 것이다', '~하더라' 식의 막연한 이론이나 추측에 근거한 것이 아닙니다. 구체적으로 진단하는 방식이 있고, 진단했을 때 이혼의 예측률도 94퍼센트가 넘습니다.

그리고 진단만 하는 것이 아니라 치료하는 방식은 물론 예방하는 방법까지 있습니다. 치료 효과 면에서도 지금까지 나온 어떤 부부치료 방식보다 성과가 높습니다.

제가 가트맨 방식을 알게 된 것은 미국 미시간공대에서 '결혼과 가족'이라는 과목을 가르칠 때였습니다. 당시 학생들에게 이론과 실천을 통해 '경험' 학습을 할 수 있는 과제를 많이 주었습니다.

교과서에 실린 ○○이론, ○○모델, ○○체계 등을 한 학기 동안 가족, 애인, 배우자에게 적용해 보라고 했습니다. 이론으로서는 다들 흠잡을 데가 없지만, 실효성이 적거나 구체적 방법이 제시되지 않아서 제대로 적용되는지 아닌지조차 모르겠다는 반응이 많았습니다.

그러나 가트맨 방식을 사용해 보니 '사랑의 지도', '호감과 존중 쌓기', '다가가는 대화', '두 타원 연습' 등 어느 방법을 써도 관계가 호전되었다고 했습니다.

가장 좋은 점은 실천하기 쉽다는 것과 치료를 받는 이들이 과제를 하는 동안 자신에 대해 더 많이 알게 되고 성장감과 자기효능감을 느꼈다는 것이었습니다. 그렇게 가트맨 방식이 연구에 기반을 둔 최고의 관계 치료법이라는 것을 알게 되어 저는 마침내 전문가 훈련까지 받게 되었습니다.

과학적으로 결혼을 연구하다

부부치료 전문가로서 미국을 비롯한 전 세계에서 인정받고 있는 존 가트맨 박사가 처음 연구를 시작한 것은 미국에서 이혼율이 급증하던 1970년대였습니다. 당시 미국에는 이혼이 폭증한 데 비해 부부관계 전문가는 거의 없었습니다.

가트맨 박사는 당시, 우리가 과학의 시대에 살고 있으면서도 결혼에 관해서는 과학적으로 연구하지 않고 있다는 점을 깨달았습니다.

우리가 먹는 음식, 예를 들어 커피 한 잔, 포테이토칩 하나도 과학적으로 연구가 되어 '칼로리가 얼마이며, 탄수화물, 단백질, 무기질, 지방, 비타민 등의 성분이 얼마나 들어 있고, 그 성분이 우리 몸에 흡수되었을 때 어떤 작용을 하는가'를 알 수 있습니다.

또 사람에게 물은 하루에 얼마나 필요한지, 수면이 건강에 미치는 효과는 무엇인지, 빨리 걷기를 30분 동안 하면 열량이 얼마나 소모되는지 등도 모두 연구되어 일상생활이 과학적 지식에 기반을 둔 지가 오래되었습니다.

통계에 의하면 99퍼센트의 사람이 죽기 전에 한 번 이상 결혼을 한다는데 그러면서도 대부분의 사람들이 '어떻게 하면 결혼생활을 행복하게 할 수 있을까' '왜 이혼을 하게 되는가' 하는 점들을 제대로 알지 못한 채 결혼해서 그냥 삽니다.

연구를 시작하던 당시 가트맨 박사는 30대 초반이었습니다. 그런데 그때까지 사귀던 여성들과의 관계가 대부분 좋지 않게 끝났고 결혼마저도 실패했습니다.

이렇게 여성과의 관계에서 자꾸 실패를 거듭하던 가트맨 박사는 자신처럼 불행한 결혼생활을 이혼으로 끝낸, 버클리대학교 심리학과 교수인 로버트 레벤슨 박사(Robert Levenson Ph.D.)와 함께 관계에 대해 연구를 시작하게 되었습니다.

'우리가 머리는 좋은데 관계에 있어서는 백치나 다름없지 않은가? 관계에 대해서는 부모님은 물론 학교에서도 가르쳐준 적이 없는데, 도대체 어떻게 하면 관계를 건강하게 발전시키고 유지하고 성장시킬 수 있겠는가? 부부관계, 부모자녀관계, 친구관계, 동료들과의 관계 등 모든 인간관계가 어떻게 형성되고 유지되는지, 왜 관계가 병들고 사망하게 되는지 과학적으로 연구해 보자' 하고 두 사람이 의기투합한 것입니다.

원래 MIT에서 수학과 물리학을 전공했던 가트맨 박사는 그 분야에 일가견이 있었고, 생리심리학을 전공한 레벤슨 교수는 심장박동수나 혈류량, 땀이나 소변 속의 스트레스 호르몬 양 등을 측정하는 데 굉장히 많은 지식을 가지고 있었습니다. 이들은 자신들의 지식을 적극 활용할 수 있었습니다.

주목할 점은, 연구를 시작할 때 두 사람은 아무런 선입견이나 가설을 갖지 않고 시작했다는 사실입니다. '이렇게 하면 관계를 잘 유지할 수 있지 않을까?' '행복한 부부들은 혹시 이런 사람들이 아닐까?' '불행한 부부들은 이런 사람들이 아닐까?'라는 생각을 미리 하지 않았습니다.

그들은 어떻게 하면 행복한 결혼생활을 할 수 있는지 실제 부부들의 사는 모습을 통해 배워보자고 생각했습니다.

본격적으로 연구를 시작한 가트맨 박사는 우선 러브랩(Love Lab, 사랑 연구실)을 만들었습니다. 자신이 근무하고 있던 워싱턴대학교 의과대학 기숙사를 아파트처럼 꾸미고 주말이면 그곳에 부부를 초대해 평소처럼 지내게 했습니다. 음식을 해 먹고, TV를 보고, 얘기하고, 자고, 아침에 일어나서 신문을 읽고, 때로는 다투는 등 집에서와 똑같이 행동하게 한 것입니다. 그리고 그 모습을 비디오에 24시간 담았습니다.

그 외에 부부의 성격검사도 하고, 학력, 직업, 수입, 나이, 결혼 연수, 자녀 수, 결혼에 대한 생각 등을 검사지에 기록하고 심층 구술면접을 했습니다. 그리고 심장박동수와 혈류량, 스트레스지수, 호르몬 등을 측정했습니다.

그런 자료를 모두 수집한 다음, 그들의 5년 후, 10년 후, 15년 후를 추적해 봤습니다. 그 과정에서 신혼부부였던 사람들에게 아기가 생기고, 아이를 양육하고, 때로는 이직을 하거나 실직을 하고, 부모님들이 편찮아지시는 등 여러 일들이 생겼습니다.

그렇게 인생의 중대사가 벌어지는 상황에서 어떤 부부는 잘 견뎌냈지만 어떤 부부는 그렇지 못했습니다.

부부 중 한 명이 암 진단을 받거나 사업에 실패하거나 자녀가 크게 아프거나 하는 심각한 일들이 생겼을 때 어떤 부부들은 인생항로의 풍파를 견뎌내지 못하여 많이 헤어졌습니다.

행복하게 사는 부부, 이혼은 안 했지만 아주 불행하게 사는 부부, 이혼한 부부가 서로 어떤 점이 달랐는지도 살펴보았습니다. 성격, 학력, 직업, 수입, 외도, 폭력, 음주, 돈, 고부갈등……. 이런 요소들의 상관관계를 다 맞춰보았지만 공통점을 찾을 수 없었습니다.

그래서 촬영한 비디오테이프를 100분의 1초 단위로 미세하게 분석했습니다. 싸우는 모습의 경우, 싸움의 내용만 본 것이 아니라 말할 때의 억양과 음량, 음의 높낮이, 눈빛과 얼굴 근육의 움직임, 몸짓, 두 사람의 거리, 몸을 움직이는 동작량 등을 측정했습니다.

그리고 부부가 열띤 논쟁을 하던 때를 찍은 비디오테이프 장면을 다시 보여주면서 촬영하던 당시에 측정했던 심장박동수, 땀의 양, 혈류량과 다시보기를 할 때의 수치를 비교해 보았습니다.

이렇게 36년 동안 거의 3,000쌍의 자료를 측정해서 연구한 결과, 그때까지 사람들이 '이런 부부가 행복하다' '부부는 이래서 헤어진다'라고 흔히 말하던 상식이나 신념 혹은 가정과는 전혀 다른 답을 찾아내게 되었습니다.

행복한 부부관계의 비밀

이혼의 이유로 흔히 거론되는 것이 '성격 차이'입니다. 정말 성격 차이로 이혼하는 것일까요?

주변에 보면 돈 문제 때문에 못산다는 말을 하는 사람들도 있습니다. 아니면 시댁과 처가 문제, 술, 도박, 폭력, 외도, 가치관의 차이 때문에 못 산다고 흔히들 얘기합니다.

그러나 가트맨 박사의 연구에 따르면, 부부가 이혼하는 이유는 위와 같은 것들이 아니었습니다.

가트맨 박사의 연구 결과, 이혼하는 사람들의 공통점은 부정적인 싸움 방식에 있었습니다. 그리고 그중에서도 가장 예후가 안 좋은 방식이 비난, 방어, 경멸, 담쌓기라는 것을 발견했습니다.

보수작업을 하지 않은 채 이 네 가지 방식을 계속 사용할 경우에는 이혼을 하더라는 것입니다. 즉 관계를 망치는 왕도 네 가지를 발견한 것입니다.

가트맨 박사는 이를 성경의 요한묵시록에 나오는 말탄 네 기사에 빗대어 '결혼의 종말을 예고하는 네 기사(Four Horsemen of Apocalypse)'라고 명명하기도 했습니다. 저는 이를 '이혼으로 가는 네 가지 지름길'이라고 의역하여 부르겠습니다.

부부관계가 망가지는 데는 시간이 오래 걸리지 않을 수도 있습니다. 사실, 이 책을 읽는 분들도 며칠 안에 남편이나 부인에게서 이혼하자는 소리가 나오게 할 수도 있습니다. 반나절 정도 비난과 경멸을 계속하면 아마 '못 살겠다' '헤어지자'는 소리가 나올 겁니다.

관계를 망치는 지름길을 택하게 되면 어떤 부부라도 관계가 고통스러워지게 마련입니다. 결국 고통을 견디기 어려운 지경이 되면 이혼을 생각하거나 아예 이혼으로 치닫게 됩니다.

한편 이혼을 하지 않았다고 해서 반드시 행복한 것은 아닙니다. 그래서 가트맨 박사는 '이혼하지 않고 높은 관계 만족도를 유지하면서 사는 부부들은 무엇이 다른가?'라는 질문을 중심으로 연구를 했는데, 그 답을 찾는 데 굉장히 많은 시간이 걸렸다고 합니다. 이유가 눈에 잘 안 보였기 때문이지요.

행복한 커플이라고 하면 흔히 그려지는 모습이 있습니다. 늘씬하고 멋진 몸매의 선남선녀가 해변을 손잡고 거닐거나, 우아하게 와인을 마시면서 서로의 눈을 지그시 바라본다거나, 무슨 날이면 남편이 장미 100송이를 사다준다거나…….

그러나 실제 행복도 검사에서 높은 만족도가 나오고 이혼 위기도에서 매우 안정적인 점수를 받은 커플들, 즉 오래도록 이혼하지 않고 매우 행복하게 사는 부부들의 자료를 찾아서 상관계수를 살펴보니, 외모, 성격, 직업, 수입, 나이, 거주지, 주된 갈등의 주제, 자녀의 수 등에서 상관관계가 특징적으로 높게 나오는 요인은 하나도 없었습니다.

그래서 행동을 관찰하려고 비디오테이프를 찾아서 다시 100분의 1초 단위로 정밀검사를 했습니다. 이때는 이미 행동과 표정 등을 관찰하는 코딩 체계가 만들어져서 행복한 부부의 비결을 매우 쉽게 발견할 수 있으리라 생각했습니다.

하지만 기대를 잔뜩 품고 뭔가 대단한 발견을 할 줄 알았던 연구자들은 그렇게 행복도가 높고 안정된 부부의 일상생활의 행동패턴이 너무나 평범한 데 실망했을 뿐 아니라 지루해서 졸음을 참기 어려울 지경이었다고 합니다.

나중에는 가트맨 박사도 너무 지루해서 천천히 보던 테이프를 몇 배로 빨리 돌려보았습니다. 그러다가 힌트를 발견했다고 합니다. 행복한 부부들은 일상의 사소한 일에서 긍정성을 훨씬 많이 보이더라는 것입니다.

불행한 부부와 행복한 부부의 차이는 능력이나 성격, 또는 재산 같은 조건이 아니라 상호작용의 패턴으로 결정된다는 것입니다.

예를 들어 행복한 부부들이 대화하는 모습을 빨리 돌려보니 이들은 말할 때 "응." "아~" 하고 대꾸를 잘해주거나 자주 고개를 끄덕이고 바라보거나 어깨에 손을 얹는 등의 모습을 보였다고 합니다. 서로에게 관심을 보이고 호응을 하는 것이죠.

그런데 불행한 부부들은 한쪽이 얘기를 해도 마이동풍 식이었습니다. 팔짱을 낀 채 '그래, 너 떠들어라~' 합니다. 아니면 서로를 멀어지게 하는 말을 주고받거나 감정이 점점 격하게 상승되는 모습을 보였다고 합니다.

이렇게 직접 관찰, 상호작용, 신체각성도의 정밀분석, 심층 인터뷰 등을 통해 가트맨 박사가 오랫동안 부부에 대해서, 그리고 관계에 대해서 연구한 결과 다음 2가지 결론에 도달했습니다.

첫째, 관계가 건강하게 유지되려면 우정과 우호감을 증진해야 한다는 것입니다. 애정이나 열정, 로맨스가 아니라 우호감입니다. 가트맨 박사는 이를 프렌드십(friendship)이라고 했는데, 이것을 돈독하고 튼튼하게 잘 쌓아야 한다는 것이 첫 번째 결론입니다.

둘째, 행복하든 불행하든 부부도 인간이기 때문에 살다 보면 서로 얼굴을 찌푸릴 일도 있고, 화낼 일도 있고, 오해도 하고, 갈등 상황이 벌어지기도 합니다. 그러나 행복한 부부들은 갈등 상황에서 갈등을 대하는 태도가 훨씬 더 부드럽고 점잖다는 것입니다.

갈등의 내용이 문제가 아닙니다. 내용은 똑같아도 불행한 부부들은 갈등 상황에 이르면 감정적으로 엄청나게 흥분할 뿐 아니라 서로 파괴적으로 나오면서 아주 격한 말을 한다든지 경멸의 태도를 보인다든지 해서 적대감이 굉장히 커지고 나중에는 관계 회복이 어려워지기도 합니다.

즉 불행한 부부생활이 이혼으로 이어지는 것은 우호감을 충분히 쌓지 못한 데다 갈등을 관리하는 방식, 대화하는 방식이 잘못됐기 때문입니다. 대화의 내용 때문에 이혼을 하는 것이 아니라 '싸우는 방식' 때문에 이혼을 하는 것입니다.

가트맨 박사는 이러한 방식으로 부부들의 이혼 가능성을 약 94퍼센트의 정확도로 예측할 수 있었습니다. 그리고 이혼은 하지 않더라도 불행하게 살 부부에 대해서도 정확하게 진단을 내릴 수 있었습니다.

대한민국 가정의 희망 솔루션

스탠퍼드대학교의 프레드 러스킨(Fred Luskin) 교수는 "존 가트맨 박사는 결혼을 과학의 경지에 올려놓았다"라고 말했고, 『블링크』와 『티핑 포인트』 등의 베스트셀러로 유명한 말콤 글래드웰은 "가트맨 박사는 부부싸움의 첫 3분만 봐도 그 부부가 이혼할지를 96퍼센트의 정확도로 예측할 수 있는 최고의 전문가"라고 말했습니다.

뇌과학자인 존 메디나(John Medina) 박사는 미국 의료비의 80퍼센트가 스트레스와 관련된 질병을 치료하기 위해 쓰이고, 직장인의 77퍼센트가 탈진 상태이며, 학생들의 학업 부진의 가장 큰 요인이 부모의 불화라는 통계에 근거하여 미국의 장래를 걱정합니다.

그 해결책으로 부부들에게 가트맨 방식을 적용하니 그 아이들까지도 건강·학습·행복지수가 모두 높아졌다고 합니다. 더 많이 웃고, 스트레스를 더 잘 견디게 되었으며, 감정지능도 높아지고 집중력도 높아졌다는 것입니다.

그것을 바탕으로 미국의 경제와 교육의 장래가 가트맨의 손안에 있다면서 "가트맨은 실로 금광을 발견했다!"며 극찬했습니다.

이것이 우리나라와 무슨 관계가 있을까요? 우리나라는 이혼율은 세계 최고 수준이고 출산율은 세계 최하위입니다. 그리고 초등학교 입학생의 4분의 1이 정서적으로 문제가 있다는 진단을 받고 있으며(《중앙일보》, 2009년 3월 9일자), 청소년 자살률이 OECD 국가 중 1위입니다. 그런 위기의 한국에 가트맨 방식은 '금광' 이상의 역할을 할 거라고 믿습니다.

앞으로 자세히 설명하겠지만 가트맨 방식은 관계의 치료가 핵심입니다. 한 개인의 성격을 고치거나, 문제를 풀거나, 누가 옳은지 판가름하는 것이 목표가 아닙니다.

가트맨 부부치료의 목표는 이혼으로 가는 지름길을 차단하고 관계에 독이 되는 행동방식(대개 말투) 대신 해독제 역할을 하는 행동패턴을 가르쳐줍니다.

또 갈등을 풀기 위해 상담자가 문제를 척척 해결해 주는 것이 아니라,

부부가 서로의 관점을 들어주고 말하되 격한 감정 속에 숨어 있는 상처, 꿈, 실존적 의미와 가치를 존중할 수 있도록 갈등 관리 기술을 가르쳐줍니다.

즉, 부부가 함께 오래도록 안정적인 관계를 유지하면서도 둘 사이의 생동감을 잃지 않도록 하며, 상대에게 우호감을 느끼고 행복하게 살 수 있는 '과정(process)'을 습득하도록 도와주는 것입니다.

Summary

🍃 왜 가트맨 방식인가?
- 지금까지의 부부치료는 개인상담의 연장선에서 이루어졌고 부부를 위한 관계중심으로 다뤄지지 않았다.
- 가트맨 방식은 과학적이며 그 효과와 지속성이 검증되었다.

🍃 가트맨 연구 방식
- 장시간 집중 인터뷰
- 즐거운 주제와 영구적으로 갈등을 일으키는 주제를 말할 때의 대화를 비디오로 녹화하고 분석
- 심장박동수, 혈류속도 등을 통해 스트레스 호르몬과 면역력 등 측정

🍃 행복한 부부관계의 비밀
- 행복한 부부는 평소 우호감이 높다.
- 행복한 부부는 갈등을 부드럽고 예의 있게 다룬다.
- 대화, 싸움, 갈등 등 관계의 방식이 부부의 행복을 결정한다.

Chapter 02

관계의 달인 vs 관계의 폭탄

주위를 보면 유난히 사이가 좋고 가까운 부부들이 있습니다. 안정되고 행복하게 사는 이런 부부들을 두고 가트맨 박사는 '관계의 달인(Masters of Relationship)'이라고 부릅니다.

반대로 관계가 불안정하고 갈등이 끊이지 않는 이들은 관계의 폭탄입니다(저자주-이를 두고 언어감각이 뛰어난 가트맨 박사는 관계의 달인(Masters of Relationship)과 음율이 비슷한 단어를 써서 '관계의 파탄자(Disasters of Relationship)'라고 표현했습니다).

이 세상에 불행해지려고 혹은 이혼하려고 결혼하는 사람은 없을 것입니다. 결혼할 때는 모두 관계의 달인을 꿈꿀 것입니다. 그렇다면 관계의 달인은 어떤 사람들일까요?

관계의 달인은 복잡하고 스트레스가 많은 일상생활에서도 관계를 견실하게 유지하고 서로 생동감 있게 지내는 부부를 말합니다. 그들은 커피 한 잔을 마셔도 "참 맛있다. 맛있지?" 하면서 마십니다. 그렇게 마치 친한 친구들처럼 함께 있는 것을 즐거워하고 살맛나게 사는 사람들입니다.

관계의 달인들이 지닌 특징

- 헤어지지 않는다.
- 높은 관계 만족도를 유지한다.
- 서로의 존재를 즐거워한다.
- 긍정적 상호작용을 많이 한다.

첫째로는 물론 쉽게 헤어지지 않죠. 그리고 상대방에 대한 관계 만족도가 굉장히 높고 서로의 존재를 즐거워합니다. 이 점이 아주 중요합니다.

관계의 달인은 관계 속에서 행복감과 안정감을 느낍니다. 긍정적 상호작용을 부정적 상호작용보다 20배 정도 더 많이 합니다. 심지어는 갈등에 처하거나 어떤 주제를 놓고 싸울 때조차도 긍정적 상호작용을 부정적 상호작용보다 5배나 더 많이 한다고 합니다.

예를 들어 늦잠 자는 아내의 버릇 때문에 아침을 거르는 게 다반사인 남편이 있다고 합시다. 아침은 스스로 차려 먹을 수 있는데 꼭 내가 차려줘야 하느냐는 게 아내의 불만입니다. 그러나 남편은 고등학교 때부터 해온 하숙생활에 진절머리가 나서 결혼한 뒤에는 따뜻한 아침밥을 먹는 게 소원이라고 합니다. 이것이 이 부부의 갈등의 주요 주제입니다.

이때 관계의 달인들은 이렇게 말합니다.

"당신은 집안을 깔끔하게 잘 정돈하고(긍정), 애들한테 자상한 엄마이고(긍정), 시부모님께도 잘하고(긍정), 가끔씩 재미있는 농담으로 피로를 풀어주고(긍정), 노래도 잘 부르는데(긍정), 아침에 못 일어나는 건 좀 불만이야(부정 또는 중립). 애들이 학교 안 가는 날이나 내가 쉬는 일요일에는 그렇다 해도 주중에는 아침에 좀 일찍 일어나면 좋겠어."

대조적으로 '관계의 폭탄'이라면 이렇게 말할 것입니다.

"당신은 말야, 대체 잘하는 게 하나도 없어(부정/비난). 아니 도대체 어떻게 된 여자가 밤엔 올빼미처럼 안 자고 아침엔 못 일어나서 애들 아침밥도 내가 차려줘야 해?(부정/비난) 그리고 돈은 왜 그리 헤프게 써?(부정/비난) 당신 친구들이랑 몰려다니면서, 뭐 오늘도 개그콘서트 녹화장에 방청객으로 갔다면서? 나잇값 좀 해라!(부정/경멸) 요즘 강남 엄마들은 애들 사교육비 아낀다고 EBS 보고 공부해서 애들 가르쳐준다잖아. 무슨 집구석이 남자들이 더 부지런하냐?(부정/비난/경멸)"

굳이 가트맨 식으로 긍정성과 부정성의 비율을 따지지 않더라도, 이 두 부부 중 어느 부부가 사이가 좋을지, 어느 부부가 갈라설지는 불을 보듯 뻔합니다.

여러분 주변에서 혹시 관계의 달인을 본 적이 있나요? 저는 제 큰언니와 형부의 모습에서 관계의 달인의 특징을 발견하곤 합니다. 예전에는 두 사람이 연애결혼을 했으니까 사이가 좋은 거겠지, 또는 오래 살다 보니까 정이 들어서 더 사이가 좋은 거겠지 하고 생각했습니다.

그런데 가트맨 방식을 공부하고 난 뒤 다시 관찰해 보니, 바로 그들에게서 관계의 달인의 가장 큰 특징인 '생동감 있고 서로의 존재를 즐거워하며 긍정성이 높다'는 특징이 있는 겁니다.

큰언니와 형부는 이미 환갑이 넘었는데도 일상의 자잘한 것에 즐거워하고, 잘 웃고, 농담도 잘합니다. 그들이 주거니 받거니 하는 대화를 들으면 마치 소꿉놀이를 하는 것 같습니다. 동치미에 국수 한 그릇 놓고도 진수성찬같이 맛있게 먹고, 솜씨에 감탄하고 고마워하는 모습이 갓 결혼한 신혼부부보다 더 정답습니다.

아마 이들의 하루를 비디오에 담아 가트맨 방식으로 긍정성 대 부정성을 따져본다면 20대 1이거나 그 이상일 것입니다.

우리 부부가 관계의 달인이 되려면

이처럼 관계의 달인들과 관계의 폭탄들의 차이는 바로 긍정적인 인식의 습관을 지니고 있느냐 아니냐에 있습니다. 관계의 달인이 되기 위한 실천법은 다음과 같습니다.

인식의 습관을 긍정적으로 바꿔라

관계의 달인들은 습관적으로 긍정적인 것을 먼저 봅니다. 예를 들어 퇴근하고 집에 돌아왔는데 집에서 맛있는 냄새가 납니다. 그러나 집은 무척 어질러져 있습니다. 빨랫감이 여기저기 놓여 있고, 아이의 장난감과 책이 흩어져 있고, 아침에 보던 신문도 그대로 있습니다.

그래도 관계의 달인은 집에 들어오면서 우선 "아~ 맛있는 냄새 난다! 배고프다. 당신 맛있는 것 만들었구나?" 하고 긍정적인 것을 먼저 인식하고 적극적으로 표현합니다.

그런데 관계의 폭탄들은 분명히 맛있는 냄새가 나도 그것은 인식하지 못합니다. "집이 이게 뭐야?"부터 시작해서 "아침에 보던 신문이 식탁에 그대로 있고, 당신 하루 종일 뭐 했어? 빨래도 안 해? 내가 내일 신고 갈 양말도 없지?" 이렇게 부정적인 것을 습관적으로 먼저 인식하고 표현합니다.

물론 생각만큼 쉽진 않겠지만 좋은 관계를 만들어가려면 평소에 싸울 때조차도 일부러 좋은 점을 생각해야 합니다. 싸운다 하더라도 상대를 이기는 것이 목표가 아니기 때문이죠.

'이 사람이 얼마나 나쁜 사람인가'를 만천하에 공개하는 것이 목표가 아니고 관계를 회복하는 것이 목표라면 좋은 점을 먼저 생각해야 합니다. 습관이 들기까지는 불교의 '마음 챙기기(mindfulness)'식으로 자신의 생각과 감정과 행동을 스스로 살피고 유념하는 노력이 필요합니다.

저는 부부치료를 할 때 첫 과제로 서로의 장점을 50가지씩 찾아서 적어오라고 합니다. 처음에는 보기도 싫은 사람에게 장점이 어디 있겠느냐고 되묻는 분도 있지만, 해보면 그 효과가 얼마나 큰지 당사자들이 더 먼저 느낍니다.

비만하거나 허약한 몸을 단련하기 위해 운동을 시작한다면 역시 마음 챙기기처럼 자신이 무슨 운동을 얼마나 했고 어떤 생각이나 느낌이 들었는지 매일 한 줄씩 적어보는 것이 습관을 들이는 데 유용합니다. 스트레스가 높은 사람들에게는 이렇게 하는 '운동 일기'를 과제로 내주기도 합니다.

뇌과학 연구에 따르면 습관이 형성되는 데는 평균 21일이 걸리고, 습관이 자동화되기까지는 대략 63~100일 정도가 걸린다고 합니다. 예전부터 삼칠일(21일)이나 백일기도 등을 해오던 비결이 뇌과학으로 증명된 것입니다.

마찬가지로 인식의 습관도 성격이나 환경, 또는 운으로 결정되는 것이 아니라 습관이 자동화될 때까지 조금씩 꾸준히 실천하면 바뀔 수 있습니다.

가트맨 박사가 관계의 폭탄이었던 사람들에게 관계의 달인의 비결을 알려주면 대개 이런 반응을 보인다고 합니다. "별 거 아니네요. 정말 그것뿐이에요? 그거라면 우리도 할 수 있겠네요."

바로 이것입니다. 인천공항에서 비행기가 떠서 기수를 5도만 달리 해도 한 시간, 두 시간 후의 기착점이 달라집니다.

부부치료자가 할 일은 안정과 행복으로 가는 방향이냐 이혼과 불행으로 가는 방향이냐를 정확히 알려준 뒤 비행기의 각도를 조금만 다르게 해주는 것입니다. 나머지는 부부가 매일 실천하는 정도와 속도에 비례하여 부부관계에 있어서 행불행의 차이가 생깁니다.

일상 속에서 긍정적 언행을 조금씩 자주 표현하라

관계의 달인이 되려면 생각을 긍정적으로 바꾸는 것과 동시에 그런 긍정적인 생각에서 우러난 행동을 일상에서 '자주' 실천해야 합니다. 작은 일을 조금씩 자주 하라(Small things often). 바로 이것이 가트맨 부부치료의 핵심입니다. 가트맨 박사는 긍정성의 효과를 양과 질, 시간과 횟수, 내용과 형식 등 다양한 방법으로 비교해 보았습니다.

그랬더니 긍정성의 효과는 얼마나 자주 하느냐(빈도)에 달렸지 돈을 얼마나 들였느냐, 얼마나 새롭고 거창한 것을 하느냐에 달린 게 아니라고 합니다.

평소에는 배우자에게 관심을 거의 보이지 않다가 생일에만 비싼 레스토랑에서 외식을 한다거나 결혼 30주년을 맞아 2,000만 원짜리 크루즈 여행을 하는 것보다 사소한 일을 자주 하는 게 훨씬 좋습니다. 5캐럿짜리 다이아몬드 반지를 선물해도 효과의 지속성으로 보면 따뜻한 키스 한 번이나 마찬가지입니다. 그만큼 애정과 관심을 표시하는 빈도, 횟수가 중요합니다.

결과적으로 보면 관계의 달인들은 머리가 뛰어난 사람들이 아닙니다. 오히려 박사, 교수, 정치가처럼 머리가 좋은 사람들 중에는 부부생활에 있어서는 서툰 사람들이 많습니다.

지능이 높거나, 얼굴이 예쁘고 잘생겼거나, 키가 크고 건강하거나, 돈이 많거나 해서 부부 사이가 좋은 것도 아닙니다. 또 나이가 젊다고 잘 살고 나이가 많다고 못사는 것도 아닙니다.

누구든 작은 일이라도 상대에게 호감, 존중, 감사, 배려 같은 긍정적인 말과 행동을 자주 하면 안정되고 행복한 관계의 달인이 될 수 있습니다.

누구나 관계의 달인이 될 수 있다

다행스러운 점은 관계의 달인과 관계의 폭탄은 타고나는 것도 아니고, 영영 바꿀 수 없는 것도 아니라는 점입니다. 얼마든지 배울 수 있고, 노력하면 누구든 관계의 달인이 될 수 있습니다.

가트맨 박사 본인이 바로 그 생생한 예입니다. 가트맨 박사는 관계에 대해 본격적인 연구를 시작하기 전에 그 자신이 연애와 결혼에 잇달아 실패했습니다. 그러나 지금 그는 관계의 달인입니다. 주변 사람들에게

늘 다정하고 온화하게 대합니다. 부인은 물론이고 자녀들과 직원들, 심지어 강아지에게조차 그렇습니다.

얼마 전 저에게 상담을 받으러 온 부부 중에 30대 후반으로, 이혼 위기도가 높고 행복도가 매우 낮았던 부부가 있었습니다.

남편은 일만 알고 집에 오면 리모컨을 손에 쥐고 TV 채널을 이리저리 돌려보기만 할 뿐, 부인과 아이는 본 체 만 체라며 아내가 불만을 터뜨렸습니다.

제약회사 영업자로 일하는 남편은 밖에서 종일 일하다가 집에 오면 쉬고 싶은데 아내의 잔소리와 불평불만에 짜증이 나고, 집에 들어오기가 겁난다고 했습니다. 아내와 거리감을 두는 게 상책이라 여겼고, 컴퓨터와 텔레비전은 대꾸를 안 해도 불평을 하지 않아서 편하다고 했습니다.

본인들은 성격이 안 맞아서 못살겠다고 했지만, 이들 부부의 상호작용을 10분만 지켜봐도 둘의 마음은 부정적 감정으로 가득 차 있어서 '습관적'으로 상대의 잘못과 결점을 찾아내기에 바쁘다는 것을 알 수 있었습니다.

하지만 치료를 받고 두 번째 올 때는 이들의 말투가 훨씬 부드럽고 다정해져 있었습니다. 과제로 써 왔던 서로의 장점 50가지를 상대에게 말해 줄 때는 눈물까지 글썽였습니다.

세 번째 왔을 때 아내는 남편에게 바쁠 텐데 함께 와줘서 고맙다고 했고, 남편은 아내가 부드럽게 대해주니 집에 일찍 들어오게 되고 아이랑 함께 노는 것도 편하고 즐겁다고 했습니다.

상담실을 나갈 때는 남편이 아내의 가방을 들어줬으며 문까지 열어주었습니다. 고맙다며 활짝 웃는 아내에게서 더 이상 2주 전의 분노와 절망에 찌든 모습은 찾아볼 수 없었습니다. 해맑은 소녀의 모습이었습니다.

여러분도 아내가 어떤 사람이든 혹은 남편이 어떤 사람이든 자신부터 긍정적으로 생각하고 긍정적인 표현을 자주 하다 보면 관계는 좋아지게 마련입니다. 비록 간단해 보이지만 이것이 핵심입니다.

저에게 치료를 받는 분들에게 이런 점을 얘기해 준 뒤 긍정적인 언행을 연습해 보면 "별로 어렵지 않네요. 처음에 들었을 땐 우리같이 심각한 부부가 겨우 그 정도로 관계가 회복될까 싶어 회의적이었는데 해보니까 정말 좋다는 것이 느껴져요" 하고 말합니다.

대부분은 생각과 말과 행동을 조금만 바꿔도 관계가 정말 좋아집니다. 이것은 자녀들과의 관계에서도 마찬가지입니다.

부모는 하고 싶은 것 참고, 쓸 것 아끼면서 아이가 원하는 것을 다 해 줬는데, 정작 아이는 '엄마가 나한테 해준 게 뭐가 있어?'라고 말한다며 섭섭해 하는 부모가 있습니다.

그런 부모의 평소 모습을 관찰해 보면, "공부했니?" "방은 왜 안 치워?" "밥 좀 빨리 빨리 먹어!" 등 부정적인 발언을 연속적으로 내뱉습니다. 부정적인 말이 긍정적인 말의 5배는 됩니다. 그러나 긍정적인 말이 5배는 되어야 '아, 엄마가 정말 나를 사랑하는구나' 하고 생각하게 되고, 그래야 어쩌다 부모가 야단을 쳐도 '아, 이건 엄마가 나를 정말 사랑해서 그러는 거야'라고 생각할 수 있습니다.

이처럼 평소에 긍정적인 언행을 많이 하는 것이 중요합니다. 말로만이 아니라 행동으로 표현해야 합니다. 상대가 힘들어할 때 아무 말 없이 어깨를 두드려준다든지 말입니다.

관계의 달인은 나이 30에도 될 수 있고 40에도 될 수 있고, 심지어는

60세, 70세에도 될 수 있습니다. 나이와는 관계없습니다. 늦었다고 생각할 때가 가장 빠릅니다.

　제가 한 TV 프로그램에 출연해서, 황혼이혼을 하겠다고 하는 70대 초반 부부가 세 번의 치료 만에 관계의 달인이 된 경우가 있었습니다. 두 사람은 나중에 손을 꼭 잡고 오셔서 "40년 전에 진작 이것을 알았더라면……" 하고 무척 아쉬워했습니다. 여러분도 지금 당장 시작하세요. 늦지 않았습니다.

Summary

🍃 관계의 달인이 지닌 특징
- 헤어지지 않는다.
- 높은 관계 만족도를 유지한다.
- 서로의 존재를 즐거워한다.
- 긍정적 상호작용을 많이 한다.

🍃 관계의 달인이 되려면
- 작은 것이라도 관계에 도움이 되는 일들을 일상에서 바로 실천한다.
- 서로의 존재에 관심을 갖는다.
- 긍정적인 인식의 습관을 들인다.
- 일상 속에서 긍정적인 언행을 조금씩 자주 표현한다.

Chapter 03

행복한 부부 vs 불행한 부부

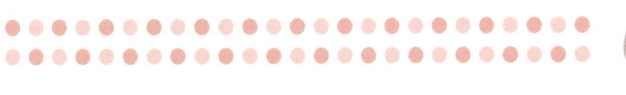

　행복한 부부, 즉 관계의 달인들과 불행한 부부, 즉 관계의 폭탄들은 어떤 점이 다를까요? 행복한 부부들은 절대 다투지 않을까요?
　가트맨 박사의 연구에 의하면 사이가 좋은 부부들도 다투기는 합니다. 다툴 때 비난도 하고 방어도 하고 담쌓기도 하지만 경멸은 거의 하지 않는다고 합니다.
　행복한 부부가 불행한 부부와 크게 다른 점은 부부싸움을 하는 중에, 아니면 하고 난 후에 곧바로 보수작업을 한다는 점입니다. 상황이 더 악화되지 않도록 브레이크를 밟는 것이죠.
　'싸우느냐 안 싸우느냐'의 문제가 아닙니다. 실수도 하고, 오해도 하고, 화도 내고, 싸움을 하더라도 빨리 보수작업을 하면 이혼을 87퍼센트 정도는 방지할 수 있다고 합니다.
　다음 장에서 자세히 살펴보겠지만, 이혼으로 가는 지름길 네 가지가 비난, 방어, 경멸, 담쌓기입니다. 그 네 가지를 행하는 부부의 94퍼센트는 이혼으로 간다고 합니다. 그런데 적절한 보수작업을 하면 이혼 위기도가 대폭 줄어드는 것입니다.
　가트맨 박사는 이혼으로 가는 네 가지 지름길을 찾아낸 다음 '이 네 가지만 조심하면 이혼하지 않겠구나'라고 판단하고 그것을 열심히 가르쳤습니다. 그런데 부부들이 이혼의 위기까지 가지는 않았지만 그렇다고 해서 반드시 행복해 하는 것도 아니었습니다.

그렇다면 과연 행복한 부부들은 무엇을 어떻게 할까요?

가트맨 박사는 행복하게 사는 부부들을 다시 분석해 보니, 이들은 평소에 부정적인 언행에 비해 긍정적인 언행을 20배는 많이 한다는 점이 드러났습니다. 그리고 싸우더라도 '부부싸움은 칼로 물 베기'라는 속담처럼, 아무 일도 없었다는 듯이 다시 웃고 지냅니다. 반면에 어떤 부부들은 싸우면 '칼로 두부 자르기' 아니면 '유리창 깨기'여서 복구가 잘 안 됩니다.

다음과 같은 상황을 그려보세요.

부부가 맞벌이를 하는데, 둘 다 피곤하게 일을 끝내고 왔습니다. 부인은 어린이집에서 아이를 데리고 왔는데, 아이랑 눈 맞출 시간도 없이 빨리 저녁을 해야 합니다. 그렇게 저녁 준비를 하는데, 남편은 오자마자 양복을 휙 벗어놓고 냉장고에서 맥주를 꺼내 마시면서 TV 스포츠 중계를 봅니다.

아이는 하루 종일 엄마 아빠를 못 보다가 보니까 놀아달라고 졸라 보지만 엄마는 밥 하느라 바쁘고, 아빠는 TV를 보느라 여념이 없습니다. 그러자 아이는 부모 주변을 빙빙 돌면서 칭얼댑니다. 그래서 부인이 "여보, 아기 좀 봐줘!" 하고 외치지만 남편은 TV를 보느라 듣지도 못합니다.

부인이 "당신은 귀도 없어? 아기 우는 소리 안 들려? 둘 다 똑같이 피곤한데 왜 나만 일을 해야 돼?"라고 비난을 시작합니다. 그러자 남편이 바로 "그러니까 나가서 먹자고 그랬잖아"라고 방어를 합니다. 그러자 부인은 또 화가 나서 "우리 형편에 무슨 만날 나가서 먹어!"라고 화를 냅니다.

행복한 부부들은 이런 경우 어떻게 할까요? 부인이 화가 잔뜩 나 있을 때 남편이 아기를 안고 부인에게 다가가면서 말합니다. "엄마한테 가자. 엄마한테 가서 뽀뽀해 줘." 그러면서 "미안해. 내가 아기 볼게. 저녁은 간단하게 먹자. 설거지는 내가 할게"라고 합니다.

그러면 부인도 "나도 신경질 내서 미안해. 오늘 회사에서 좀 피곤한 일이 있어서 괜히 당신한테 짜증낸 것 같아" 하는 식으로 이야기하면서 서로 웃습니다.

불행한 부부들은 같은 상황에서도 이렇게 하지 못합니다. 남편이 다가와서 화해를 청해도 부인은 계속 남편을 비난합니다. 그리고 "우리 흥분하지 말고 물 한 잔 마시며 얘기하자"라고 말하면 "너나 마셔!" 하고 외면해 버립니다. 그 반대의 상황도 마찬가지겠죠. 화해시도를 하려다가 상황이 오히려 악화되는 것입니다.

왜 이런 차이가 발생하는 것일까요? 그것은 평소에 두 사람이 긍정성을 얼마나 쌓았느냐에 달려 있습니다. 지능, 학력, 수입, 외모, 나이는 관계없습니다. 평소에 긍정적인 감정을 얼마나 쌓았는가, 즉 정서적으로 얼마나 서로를 배려하고, 감사하고, 호감과 존중을 보였는가 하는 점이 행복한 부부와 불행한 부부의 차이를 낳습니다.

평소 말 한마디라도 따뜻하게 건네고, 커피 한 잔이라도 타주고, 어깨라도 한 번 주물러주면 그것이 쌓여서 바로 이럴 때 위력을 발휘합니다.

옛날에 집 마당에 있던 펌프를 생각하면 됩니다. 가뭄 끝에 펌프질을 시도하면 처음엔 바로 물이 나오지 않습니다. 물을 한 바가지 가득 부어도 올라오지 않죠. 한 대야 넣어도 안 되고, 양동이로 몇 번을 퍼부어야 어느 순간 물이 확 올라옵니다.

그렇게 될 때까지 긍정성을 퍼부어야 합니다. '내가 한 번 부었는데 네가 안 나와? 날 약 올리는 거야? 관둬! 날 어떻게 보는 거야?' 이렇게 금방 그만두면 안 됩니다. 상대에게서 반응이 나올 때까지 계속 긍정성을 퍼부어야 합니다.

그렇지 못한 상태에서 화해 시도를 해봐야 '너나 마셔' '말하기 싫어' '관둬' '됐어' 같은 부정적인 반응이 나올 뿐입니다. 그러면 시도한 사람은 멋쩍고 무안하니까 더 화가 납니다. 다음에는 시도조차 안 하게 되면서 감정적인 거리가 점점 더 생기게 됩니다.

어떤 이들은 이럴 때 웃음이 효과적이라면서 유머감각을 발휘하라고 충고합니다. 가트맨 박사도 실험을 해보았지만 유머의 내용이나 질 때문에 화해가 되는 건 결코 아니었습니다.

평소 긍정적인 감정이 20배 이상 쌓여 있지 않은 부부들에게는 아무리 멋진 농담이나 유머를 던져도 "지금이 농담할 때야? 누가 웃자고 그런 실없는 소리나 해?"와 같이 화를 더 냅니다.

하지만 긍정성이 많이 쌓여 있던 부부들은 한쪽이 약간 익살스런 표정을 짓거나 어설픈 농담이라도 건네면 금방 웃음보가 터지면서 분위기가 풀어집니다.

그러면 불행한 부부와 행복한 부부의 구체적인 특징을 살펴보고, 어떻게 하면 행복한 부부가 될 수 있을지 알려드리겠습니다.

불행한 부부의 특징

문제를 가능한 한 미룬다

행복한 부부와 불행한 부부의 첫 번째 차이점은 불행한 부부는 문제가 있을 때 일단 미룬다는 점입니다.

아내가 좀 수상하다고 생각한 지 11년 만에 드디어 아내의 입을 통해 "나 그동안 쭉 다른 사람이 있었어"라는 고백을 듣고도 6개월을 '사는 것 같지 않게 살면서' 정면 돌파를 회피해 오다가 결국 아내의 신청으로 상담을 받으러 온 부부가 있었습니다.

이 부부는 신혼시절부터 시어머니를 모시는 일로 견해 차이가 있었지만 남편은 아내의 불평을 한 귀로 흘려들었습니다. 아내는 이런저런 말로 간접적인 표현을 해왔지만 늘 일만 중요하게 여기는 남편 때문에 외로움과 소외감에 시달렸습니다. 결국 아내는 남편 대신 같은 직장의 유부남과 '퇴근 후의 사생활'을 지속해 왔습니다.

이렇게 불행한 부부들은 문제가 있을 때 문제를 가능한 한 뒤로 미룹니다. 어마어마한 어떤 사건이 벌어지기 전까지 계속 외면합니다. 하지만 미룬다고 해서 그 문제가 해결되는 것은 결코 아닙니다. 점점 더 심각하게 곪아갈 뿐입니다.

하고 싶은 말을 그대로 다 쏟아낸다

불행한 부부들은 문제를 자꾸만 미루면서도 한번 싸우기 시작하면 하고 싶은 말을 다 해버립니다. 흔히 '짜증이든 원망이든 하고 싶은 말은 다 해야 한다. 속에 쌓아두면 화병 생긴다'라고 주장하는 심리치료사들이 있습니다. 그러면서 다른 사람들 앞에서 서로가 하고 싶은 말을 다 쏟아내게 합니다.

그러나 그렇게 감정을 실어 상대에 대한 불만을 전부 얘기하는 것은 바람직하지 않습니다. 다른 사람들 앞에서 상대에 대해 모욕적이거나 비웃는 언행을 하는 것은 치명적인데, 가트맨 박사는 이는 마치 둘 사이의 관계에 황산을 뿌리는 것과 같다고 했습니다.

그런 행동은 설령 둘이 있을 때도 절대 해서는 안 되는 행동입니다. 불만이 있다고 해서 하고 싶은 말을 다 해버리면 결국 관계를 망치는 결과를 가져옵니다.

한번은 30대 후반의 부부가 저를 찾아왔습니다. 캠퍼스 커플로 사귄 지 8년 만에 결혼했고, 결혼한 지 10년이 됐으므로 인생의 반 이상을 함께해 온 사이였습니다. 두 사람은 한번 화가 나면 대학교 1학년 때 서로 막말을 하던 식으로 거침없이 하고 싶은 말을 다 했다고 합니다.

어느 날 남편이 연락도 없이 새벽 2시가 넘어 귀가하자 아내가 "늦을 거면 전화라도 해주지. 내일 출근해야 하는데 잠도 못 자게 늦게 들어오면 어떡해!" 하고 짜증을 냈다고 합니다.

남편은 술김에 "어쩌다 한 번 늦게 들어온 걸 갖고 뭘 그리 난리야?"라고 방어적인 태도를 보였습니다.

아내는 나름대로 화를 가라앉히려 노력했지만 다시 괘씸한 생각이 들어 대뜸 "야! 술 처먹고 혀 꼬부라져서 말하는데, 너 침 튀긴다!" 하고 버럭 성질을 냈다고 합니다.

그랬더니 남편이, "그래? 침 제대로 튀겨주지!" 하고 침을 뱉더랍니다. 아내도 질세라 "너만 뱉을 줄 아냐? 나도 뱉어주마!" 하고 맞받아쳤더니 대뜸 남편이 뺨을 때리더랍니다. 그때까지는 아무리 옥신각신 싸워도 손찌검은 하지 않았던 남편이 폭력을 행한 것입니다. 문득 폭력 남편은 초장에 잡아야 한다던 선배들의 충고가 떠올라 아내는 당장 시댁에 전화를 걸었다고 합니다.

새벽 2시 반에 시어머니께 전화를 걸어 '당신 아들이 폭력을 쓰니까 빨리 와서 말려달라'고 했습니다. 그러자 시부모님은 놀라서 새벽 3시에 아들 내외의 아파트로 달려왔습니다.

그런데 시부모님이 남편에게 "어디서 배워먹은 버릇이냐. 아내에게 손찌검하는 남자가 제일 못났다. 빨리 아내에게 사과해!" 하면서 며느리를 두둔해 줄 줄 알았는데 오히려 큰일도 아닌데 자신들을 불렀다면서 아내를 "싸가지 없는 것!"이라고 쏘아붙였다고 합니다. 아내는 시어머니고 뭐고 아무것도 생각나지 않을 정도로 감정이 폭발해 버렸습니다.

모두 다 이렇게 하고 싶은 말을 여과 없이 다 해버린 결과는 어땠을까요? 남편은 불같은 아내의 성질을 알면서도 아직 정이 있어서 집에 돌아오고 싶어 하는데, 시부모님이 적극적으로 이혼을 종용하며 "이혼수속 밟아줄 테니 그렇게 독한 애하고는 살지 마라. 애들까지 망치겠다" 하고 집에도 못 가게 한다고 했습니다.

결국 남편이 회사 간다고 나와서 아내와 시간을 맞춰 저를 찾아온 것입니다. 서로에게 아무 생각 없이 할 말을 다했다가 큰 위기를 맞이하고 되돌아가느라 무척 고생한 경우입니다.

다행히 전문가의 코칭을 받아가면서 시간과 공을 들여 겨우 회복은 되었지만 이혼의 위기까지 몰리며 인생의 수업료를 톡톡히 치러야 했습니다.

갈 데까지 간다

위 사례의 부부처럼 불행한 부부들은 싸우기 시작하면 적절한 시점에 브레이크가 안 걸리고 갈 데까지 갑니다. 그래서 결국 와장창 깨지고, 울고불고 해야만 멈춥니다.

주로 폭력 부부들이 그런 경우입니다. KBS에서 진행한 한 상담 프로그램에 출연했던 한 부부도 갈 데까지 가는 유형이었습니다. 23년 동안의 결혼생활에 폭력이 없는 날이 거의 없었다는 아내의 메일을 받고 제작진이 집으로 가보았더니, 문짝이며 손잡이가 제대로 붙어 있는 것이 없었고, 부엌 싱크대의 스테인리스 상판까지 깨져 있었습니다.

싸움은 늘 사소한 것에서 시작되었다고 합니다. 예를 들어 남편이 직장에서 돌아오면 아내는 본 체 만 체 담쌓기를 했습니다. 그러면 남편은 "밥은?" 하고 한마디 물었고, 아내는 "차려놓은 거 눈에 안 보이노? 꼭 코 밑까지 들이대야 처묵나?" 하고 격한 음성으로 대꾸했습니다.

남편은 그래도 참는다는 듯이 식탁에 혼자 앉아 꾸역꾸역 밥을 먹다가 "물 없나?" 합니다. 그때 아내가 "밥 차려줬으면 됐지 니는 손이 없노? 물까지 대령하란 말이가?"라고 받아치면, 순간 남편의 손에서 숟가락 젓가락이 내동댕이쳐지고 밥그릇이 날아갑니다. 남편의 물리적 폭력에 힘이 달리는 아내는 악다구니를 쓰며 언어폭력으로 대항했습니다.

이들 부부의 싸움 가운데 몇 가지만 나열해도 정말 혀가 내둘러집니다. 아내의 뒤통수에 뚝배기를 던져 머리에 피를 흘리며 응급실에 갔던 일, 부부싸움 후에 샤워하러 욕실에 들어간 아내를 잡아끌어내어 허리를 밟아 디스크로 고생했던 일, 죽인다고 목에 칼을 들이대서 아들이 경찰을 불렀던 일 등등.

이렇게 부부싸움 때마다 갈 데까지 가는 것은 둘의 관계도 피폐하게 만들었지만, 자녀들이 정말 크나큰 심리적 상처를 받았습니다. 딸은 절대 결혼을 하지 않겠다고 하고, 아들은 소심증과 대인관계의 어려움을 호소했습니다.

상대의 영향력을 받아들이지 않는다

불행한 부부의 특징 중 또 하나는 상대의 영향력을 받아들이지 않는 것입니다. 다음과 같은 반응이 상대의 영향력을 받아들이지 않는 태도입니다.

"내 사전엔 그런 말 없다."
"제발 나 좀 내버려둬!"
"당신이 알아서 하면 되잖아."
"시끄러워!"

상대의 영향력을 받아들이는 부부들은 위의 말을 어떤 식으로 표현할까요?

"나도 좀 생각해 볼게."
"당신 의견 잘 들었어. 언제까지 답하면 되지?"
"같이 생각해 보자."
"당신 의견도 일리가 있네."

알고 보면 참 쉬운데, 이렇게 간단한 것을 모르는 사람들도 많습니다. 얼마 전 공군사관학교에서 장성급 장교들을 대상으로 행복한 부부관계에 관한 강연을 한 적이 있습니다. 영향력을 받아들이지 않는 표현들을 영향력을 받아들이는 표현으로 하나씩 바꾸는 연습을 했는데, 다들 무척 힘들어했습니다.

장교들은 대개 명령하달식에 익숙해져 있는 데다, 사실 '별'들에게 누가 감히 영향력을 받아들이라고 하겠습니까? 다들 아무런 답이 떠오르지 않는 듯 제 얼굴만 멍하니 쳐다보고 있더군요. 아내들이 평소에 꽤나 속상했을 거란 생각이 들었습니다.

강연 후 저를 초청해 준 공군사관학교 교장선생님과 식사를 하는데 '고백'을 하더군요. 이제까지 한번도 이런 내용을 배운 적이 없었는데 오늘 바로 아내에게 써보겠다고 말입니다. 너무나 좋은 방법을 배웠다며 싱글벙글했습니다.

그리고 한 달 후, 저의 사진과 공군기가 담긴 큰 액자를 보내주면서 아내와의 사이가 무척 다정해져서 신혼 같은 분위기가 되었고 집안 전체에 온기가 돈다며 감사편지를 보내왔습니다.

한쪽이 다른 한쪽을 완전히 지배한다

불행한 부부의 또 다른 특징은 한쪽이 다른 한쪽을 완전히 지배하는 것입니다. 한쪽이 '내 말대로 하든지 아니면 나가버려!' 이런 식으로 말하고, 상대는 그저 순종해 버립니다.

이런 부부의 경우 한쪽이 완전히 지배하고 한쪽은 복종하니까 표면적으로는 마치 싸우지 않는 것처럼 보입니다. 하지만 이런 관계는 굉장히 불행합니다. 이혼을 하지 않더라도 당사자들은 엄청난 불행감 속에서 살아가게 됩니다.

얼마 전에 TV 프로그램에서 한 연예인 부부를 상담해 준 적이 있습니다. 유명 가수였던 S씨는 오랜 연애 끝에 예쁘고 마음에 드는 아내와 결혼을 했는데, 자신이 애처가인지 공처가인지 진단해 달라고 요청을 해왔습니다.

S씨의 이야기로는 자신은 아내의 말이라면 '무조건 복종!'이라는 것입니다. 한참 재미있게 야구 경기를 보는 중이라도 아내가 쓰레기를 갖다 버리라고 하면 귀찮아도 일어나서 버리고 온다고 했습니다. 하지만 자신은 아내를 너무나 사랑하기 때문에 그게 싫지는 않다고 했습니다.

저는 S씨의 말만 듣고는 아내도 그 상황이 행복한지는 알 수 없다고 했습니다. 실제로 S씨의 아내는 저를 만나 본인도 남편 위에 군림하는 것이 그리 즐겁거나 행복하지는 않다고 말했습니다.

이 부부는 그때까지 '집안이 화목하려면 남편이 무조건 지는 게 상책이다'라는 남편의 생각에 따라 그런 관계를 이어왔던 것입니다.

그후 두 사람 모두 말투를 바꾸고 서로를 존중하며 지배와 피지배, 명령과 복종의 관계가 아니라 양보와 절충을 하는 관계로 상황이 호전되었습니다.

이 경우와 달리, 통제에 대해 심각한 거부감을 가진 한쪽 배우자가 상대를 인격적으로 완전히 제압하는 경우도 있습니다. 상대가 반대 의견을 조금이라도 내려 하면 위협, 폭언, 폭력을 행사해서 배우자가 꼼짝없이 쥐어 사는 것입니다.

이는 심각한 문제이고 반드시 전문가의 도움을 받아야 합니다. 이런 사람은 어릴 때 지속적으로 학대를 받았거나 심각한 정신적·신체적 트라우마(외상)를 입었을 가능성이 높습니다.

불행한 부부들의 특징들을 하나씩 살펴보았습니다. 그렇다면 행복한 부부들의 특징은 어떤 것일지 짐작이 되지요?

행복한 부부의 특징

문제를 빨리 해결하려 한다

행복한 부부들은 문제가 있으면 심각하든 심각하지 않든 가능한 한 빨리 해결하려고 합니다. 그렇다면 건강한 부부관계를 위해서라면 얼마나 빨리 문제를 해결해야 할까요?

그날 문제는 그날 해결하는 것이 좋습니다. 성경에 이런 말이 있습니다. '해지기 전에 분노를 풀어라.' 화가 난 것을 해지기 전에 다 풀고 자라는 것입니다. 밤새 화를 키워놓고 쌓아두었다가 내일 또 화내지 말고, 그날 화는 그날로 끝내라는 이야기입니다.

문제가 생기면 미루지 말고 그때그때 푸는 것이 좋습니다. 문제를 미뤄봐야 상황만 더 심각해질 뿐입니다.

하고 싶은 말이 있어도 다시 한 번 다듬고 고친다

행복한 부부들은 하고 싶은 말을 그대로 다 해버리는 대신 어떻게 할까요? 행복한 부부들은 말을 다듬고 고칩니다. 시인이 시를 쓰듯이, 자기가 할 말을 한 번쯤은 생각해 보고 합니다.

'내가 이런 말을 하면 상대는 어떻게 들을까?' '어떻게 반응할까?' '내가 어떻게 말을 해야 상대에게 상처를 주지 않고 내 뜻을 정확하게 전달할 수 있을까?'를 생각합니다. 그렇게 생각하고 고치고 다듬습니다.

부인이 예전에 비해 자신에게 조금 소홀하다고 느껴질 때도 "당신 요새 정신이 있는 거야? 일 좀 한다고 남편은 안중에도 없어?" 이렇게 비난하는 게 아니라 "요즘 나는 당신에게서 우선순위가 좀 밀린 것 같아. 왠지 서운한데?" 이렇게 말하는 겁니다.

화해시도를 한다

행복한 부부들은 싸움을 하더라도 갈 데까지 가지 않고 어떻게 할까요? 싸움이 커지거나 감정이 상할 것 같으면 브레이크를 걸어서 화해시도를 합니다.

예를 들어 옥신각신 싸우다가도 갑자기 남편이 "메롱~" 합니다. 그러면 부인은 어이없어 하며 "당신 때문에 내가 화도 못 내겠어" 하고 웃고 맙니다.

"우리 지금 너무 흥분한 것 같으니까 차 한 잔 마시고 얘기하자"라든지 "미안해. 내가 너무 지나쳤네" 아니면 "큰 그림에서 보면 그렇게 심각한 문제는 아닌 것 같은데 내가 너무 심각하게 생각했나 봐" 또는 "화를 안 내고 싶은데 잘 안 되네. 이해해 줘" 이렇게 말하는 것이 모두 화해시도입니다.

저의 경우를 예로 들어보겠습니다. 저희 부부의 반복되는 갈등의 주제 중 하나는 제가 미리 준비를 안 한다는 점입니다. 그것이 남편의 가장 큰 불만이며, 남편을 화나게 만들기도 합니다.

얼마 전 책을 번역할 때의 일이었습니다. 마침 그 무렵에 중요한 워크숍을 계획하고 있었습니다. 워크숍 준비를 정말 잘하려고 했는데, 어떻게 하다 보니 워크숍 당일 아침까지 번역 작업을 하게 되었습니다.

그리고 워크숍에서 동영상을 보여주려던 순간 컴퓨터에서 소리가 나오지 않는 것이었습니다. 그래서 저는 '안 나오면 안 나오는 대로 하지 뭐' 하고 생각했습니다. 그런데 남편이 화를 내는 것이었습니다. 저의 그런 모습이 너무 화가 난다는 겁니다. 미리 준비했으면 됐을 것을, 하루 먼저 와서 컴퓨터를 작동해 봤으면 문제가 없었을 것을 왜 좋은 자료를 두고도 활용을 못 하느냐는 거였죠.

하지만 저희는 그런 일로 심각하게 싸우거나 집에 가서 말을 안 하거나 하지는 않습니다. 바로 화해시도를 하기 때문입니다. 그때는 제가 먼저 화해시도를 했습니다. "도와줘서 참 고마운데, 내가 미처 준비를 다 못해서 당신이 짜증났겠네요. 미안해요."

한편 불행한 부부는 화해시도를 하지 않고, '그래, 너 잘났다. 잘났어!' '너는 너대로 살아라. 나는 나대로 산다' 이러는 겁니다.

부부싸움을 할 때는 저희 집을 포함해서 어느 집이든 상황이 거의 비슷할 것입니다. '내가 말한 게 옳으니까 이렇게 하면 될 텐데, 왜 저 사람은 좋은 점을 안 보고 그럴까?' 하고 생각합니다. 아마 상대도 똑같은 심정일 겁니다. '왜 나는 다 옳은데 저쪽은 저렇게 결점투성이일까?'

사실 결점이 없는 사람은 없습니다. 누구나 결점이 있는데 화해시도를 어떻게 하느냐, 거기에 차이가 있습니다.

기꺼이 상대의 영향력을 받아들인다

행복한 부부는 상대의 영향력을 받아들입니다. '네가 뭐라 하든 나는 내 식대로 한다'가 아닙니다. '시끄러, 닥쳐, 그만둬' 이런 말을 가능한 한 하지 않습니다. '한번 생각해 볼게' '당신 말도 일리가 있네' '그렇게 생각할 수도 있겠다. 미처 몰랐어' 이렇게 말하며 상대의 영향력을 받아들입니다.

이런 상황에서 남편 쪽이 훨씬 중요합니다. 남편이 평소에 아내가 뭐라고 말할 때 아내의 입장이나 영향력을 받아들이면 아내의 목소리가 커질 이유가 없습니다.

　이것이 바로 선순환입니다. 선순환이라는 것은 닭과 달걀의 관계입니다. 누가 먼저인지는 모릅니다. 누구든 먼저 시작하면 됩니다. 남편이 평소에 아내의 영향력을 받아들이는 집은 아내의 목소리가 부드럽고 조용합니다. 그리고 아내의 목소리가 부드럽고 조용하면 남편이 아내의 말을 잘 듣게 되고, 다시 남편은 아내의 영향을 기꺼이 받아들이게 됩니다. 그러면 큰 싸움이 일어날 일이 없겠지요.

정서통장이 넉넉하다

　정서통장(emotional bank account)은 부부 사이에 쌓아놓은 호의, 온정, 배려를 말합니다. 행복한 부부들은 정서통장이 넉넉합니다.

　평소에 서로 말을 조심하고, 갈 데까지 가지 않고 화해시도를 해서 관계를 금방 회복하고, 상대의 영향력을 받아들이고, 호감과 존중을 많이 표시합니다. 따라서 통장에 돈이 쌓이듯 정서통장에 배려와 사랑의 감정이 차곡차곡 쌓입니다. 그러면 나쁜 일(지출)이 있을 때도 금세 회복됩니다.

　예를 들어 통장에 몇십억 원이 있다고 하면 누가 와서 1,000만 원을 꿔달라고 할 때 선뜻 빌려줄 수 있을 겁니다. 그런데 통장에 10만 원밖에 없는데 5만 원을 꿔달라고 하면 어떨까요? 5,000원도 주기 힘들겠죠.

　돈과 마찬가지로 정서에도 '입출금'이 있습니다. 상대가 부정적인 말이나 행동을 하면 굉장히 기분이 나쁘죠. 감정에 마이너스가 생기는 것입니다. 그런데 그 마이너스 하나가 복구되려면 플러스가 다섯 개 필요하다고 합니다.

　바꿔 말하면 부정적인 언행을 한 번 하면 그 전에 쌓아놓은 다섯 가지까지 마이너스가 되므로 말을 조심할 수밖에 없겠지요. 이것은 아주 중요합니다.

아이들도 야단 한 번 치면 기분이 나빠지면서 스트레스 지수가 올라가고 심장박동수가 올라갑니다. 그런 것이 복구되려면 긍정적인 언행을 5배 이상 해야 합니다.

따라서 아이가 무언가 잘못했을 때는 꾸지람부터 하지 말고 먼저 좋은 점을 최소한 다섯 가지는 말합니다. 그리고 나서 "엄마는 너를 정말 사랑한단다. 하지만 ~행동은 남에게 피해를 주는 거니까 (또는 너한테 해로운 거니까) ~하게 해주기를 바란다"라고 말해 보세요. 분명 아이가 귀 기울여 들을 것입니다.

가트맨 박사는 "변화를 원하면 먼저 상대를 있는 그대로 좋아하라. 사람은 결점까지도 사랑받고 수용된다고 믿을 때 변화하고자 하는 마음이 생긴다" 하고 말했습니다. 정서통장을 두둑히 하기 위해서는 무엇보다 상대의 기본 성향이나 성격을 있는 그대로 받아들이는 자세가 중요합니다. 게슈탈트 치료의 창시자였던 프리츠 펄스(Fritz Perls)는 이것을 '변화의 역설(The Paradoxical Theory of Change)'이라고 했습니다.

결론적으로 말하면 행복한 부부들과 불행한 부부들의 차이는 문제가 있느냐 없느냐, 싸움을 하느냐 하지 않느냐가 아니라, 문제가 있을 때 그 문제를 어떻게 바라보고 어떻게 해결하느냐 하는 방식의 차이입니다.

즉 '무엇이' 문제냐가 중요한 게 아니라 문제를 '어떻게 생각하고 어떻게 표현하느냐'에 따라서 서로가 행복을 유지할 수도 있고 불행해질 수도 있는 것입니다.

Summary

 불행한 부부의 특징
- 문제를 가능한 한 미룬다.
- 하고 싶은 말은 다 한다.
- 갈 데까지 간다.
- 상대의 영향력을 받아들이지 않는다.
- 한쪽이 다른 한쪽을 완전히 지배한다.

 행복한 부부의 특징
- 문제를 빨리 해결하려 한다.
- 말을 다듬고 고친다.
- 화해시도를 한다.
- 상대의 영향력을 받아들인다.
- 정서통장이 넉넉하다.

Chapter 04

관계를 망치는 네 가지 지름길

   남들이 부러워할 만한 조건을 골고루 갖춘 재벌 2세 부부나 유명인들이 이혼할 때, 흔히 당사자들은 '도저히 양립할 수 없는 성격 차이 때문에 헤어진다'라든가, '그동안 너무 힘들었다. 이렇게 살 바에야 헤어지는 게 낫다'라고 말할지 모릅니다.

   내부 사정을 모르는 주변인이나 대중들 사이에는 온갖 추측이 난무하기 시작합니다. 하지만 가트맨 방식으로 본다면 두 사람이 이혼한 이유는 그동안 서로에 대한 호감·존중 등 우호감을 쌓지 못하여 정서통장이 고갈되었거나, 갈등이 있을 때 '후회할 만한 사건들'을 일으키고 이혼으로 가는 지름길인 비난·방어·경멸·담쌓기를 많이 했기 때문일 것입니다.

   건강한 부부들, 즉 관계의 달인들은 긍정성이 부정성에 비해 평소에는 20배, 싸울 때조차도 5배가 많다고 했습니다.

   남편이 술을 마시는 것이 반복적인 갈등 주제인 부부가 있습니다. 남편이 앞으로는 술을 마시지 않겠다고 각서까지 쓰고도 오늘 또 술을 마시고 늦게 들어왔습니다.

   이런 경우 아내가 관계의 달인이라면 어떻게 이야기할까요? "여보, 일단 사고 없이 들어와서 정말 고마워. 술이 아무리 취해도 외박하지 않아서 그것도 참 고맙고. 당신이 술 안 마실 때는 애들한테도 얼마나 좋은 아빠인지 내가 다 알아. 요즘 직장 일로 많이 힘들지? 내일 아침엔 당신이 좋아하는 콩나물국 끓여줄게. 그런데 이렇게 술 마시는 건 정말 걱정된다." 어떻습니까? 긍정과 부정의 비율이 5대 1이죠?

그런데 불행한 부부의 경우라면 남편이 집에 들어와도 쳐다도 안 봅니다. 술이라도 마시고 오면 "으이구! 내가 못살아, 정말! 너만 힘드냐! 돈도 못 버는 주제에 못된 짓만 골라 한다"라고 부정적인 말만 하거나 외면해 버립니다.

남편들은 아예 그 소리를 안 들으려고 인사불성이 되도록 술을 먹고, 집에 가면 그대로 쓰러져 잡니다. 그러면 아내는 더 화가 나죠. 그렇게 부정적인 고리가 형성됩니다. 그러면 남편은 다음 날 또 술을 마시고 오고, 아내는 또 화가 나고…….

관계가 건강하려면 긍정성을 높여야 합니다. 부부 사이에서 부정적인 표현이 긍정적 표현보다 약간만 올라가도(1.25배만 돼도) 관계는 이혼으로 방향을 바꾸기 시작합니다.

재미있는 연구가 있습니다. 가트맨 박사의 '행복한 부부의 5대 1 황금비율' 연구를 본 노스캐롤라이나대학교의 프레드릭슨 박사는 '과연 긍정성 5배의 힘이 부부 사이에만 존재할까, 아니면 다른 인간관계에도 적용될까?' 하는 의문을 가지고 직장에서 직원들간의 상호작용을 연구해 보았습니다.

연령, 직책, 수입, 경력, 성별 등이 비슷한 조건 하에서 가장 높은 생산성을 내는 그룹은 팀원들 상호 간의 긍정성 대 부정성의 비율이 5.6대 1이었고, 평균치의 성과를 내는 그룹은 2.93대 1이었습니다. 그리고 가장 성과가 낮은 그룹은 부정성이 2배 가까이 높은 1.9대 1이었습니다.

연구를 계속한 프레드릭슨 박사는 누구라도 긍정적 감정이 부정적 감정의 3배 이상만 높으면 좋은 쪽으로 마음이 쏠리게 되는 '티핑포인트'가 일어난다는 것을 알아냈습니다.

부정적인 표현방식 중에서도 가장 나쁜 네 가지는 이혼으로 가는 지름길이라 할 수 있는 비난, 방어, 경멸, 담쌓기입니다. 이 네 가지 방식으로 싸움을 하는 부부는 94퍼센트가 이혼으로 가고 만다는 것을 가트맨 박사는 연구를 통해 알아냈습니다. 한 가지씩 구체적으로 살펴보도록 하겠습니다.

비난

- "당신은 어떻게 된 사람이……."
- "당신은 도대체 왜 일을 이따위로 해?"
- "당신이 항상 그렇지 뭐!"
- "만날 술이나 마시고 들어오고!"
- "결혼기념일 생각해 준 적 한 번이라도 있어?"
- "당신은 절대로 그런 것 못해!"

위의 표현들은 대표적인 비난의 말들입니다. '만날' '한 번도' '절대' '항상' '하나도' 이런 부사가 들어가면 비난을 드러내게 됩니다.

이혼으로 가는 첫 번째 지름길이 바로 비난입니다. 비난은 '당신은 인격적으로나 성격적으로 문제가 있는 사람이다'라는 뉘앙스를 풍깁니다. 따라서 듣는 사람에게는 자신에 대한 공격으로 들립니다. 그러니 반응이 나쁘게 나올 수밖에 없고, 관계가 나빠지게 마련입니다.

예를 들어 아침에 옷을 입으려고 보니 다림질 돼 있는 와이셔츠가 하나도 없을 경우 "당신은 집에 있으면서 한 번도 제때 다림질을 해놓을 때가 없어? 도대체 하는 일이 뭐야?" 하고 말합니다.

연구에 따르면 일반적으로 남성들보다 여성들이 비난을 더 많이 한다고 합니다. 그것은 남편의 오랜 무관심과 담쌓기가 아내들에게 격한 감정과 비난을 불러일으키기 때문입니다. 그런데 여자가 비난을 하면 남자는 역공(방어)을 하거나 담쌓기를 하면서 악순환의 고리가 형성됩니다.

방어

- "그러는 당신은 뭘 잘했는데?"
- "이게 당신 탓이지 내 탓이야?"
- "당신도 그러잖아. 당신은 안 그랬어?"
- "왜 나만 잘못했다고 그래?"

상대에게서 "당신은 도대체 어떻게 된 사람이······"라고 비난을 받으면, 자신이 인격적·성격적으로 문제가 있어서 공격을 받는 것처럼 느껴지므로 이쪽에서는 방어를 하게 됩니다. 방어하기 위해서 나오는 반응은 흔히 "그러는 넌 뭘 잘했는데?" 아니면 "이게 네 탓이지 내 탓이냐?" 하며 역공을 하는 것입니다.

남편은 집을 팔자고 하고, 아내는 좀 기다리자고 하다가 결국 집을 판 경우를 예로 들어봅시다. 그런데 집을 팔자마자 집값이 오르면 부부싸움을 할 때 아내가 "내 말 안 듣고 기어이 팔더니 손해가 얼마나 큰지 알아?" 하고 비난합니다. 그러면 남편은 "당신은 뭘 잘했는데? 작년에 더 올랐을 때 못 판 건 누구 탓인데? 그때 내가 이야기한 대로 팔았으면 됐잖아!" 하고 서로에게 책임을 떠넘기고 비난을 합니다. 비난과 방어가 쳇바퀴 돌듯 반복되는 것이죠.

"당신도 화날 때는 그러잖아!" "당신도 친구 만나면 나한테 전화 안 하고 늦게 들어오잖아!" "왜 만날 나만 뭐라고 그래?" 이렇게 '나만 잘못한 게 아니라 너도 잘못했다', 나아가 '나는 잘못이 없고 희생자일 뿐이고, 진짜 문제는 상대'라고 말하는 것이 방어입니다.

방어의 핵심은 '나는 결백하다' 혹은 '나는 아무 잘못이 없다'입니다. 자신의 무고함을 주장하고 자신을 상대의 비난(공격)으로부터 보호하려는 기본적인 본능에서 나오는 태도입니다.

방어의 대표적 형태는 앞에서 살펴본 것처럼 상대를 역으로 공격하는 것입니다. 그리고 "나는 정말 너무 억울해! 이 집에 와서 죽도록 고생했는데 아무도 내가 노력한 것을 인정 안 해줘!" 하면서 희생자 같은 행동을 취하기도 합니다.

예를 들어 아내가 쇼핑을 지나치게 해서 신용카드를 많이 쓴 경우, 남편이 "카드빚이 이렇게 늘었는데 어쩔 거야? 도대체 당신은 어떻게 된 사람이 나갔다 하면 항상 최소 10만 원은 쓰고 와?" 이런 식으로 비난을 합니다.

그때 아내가 "그러는 당신은? 당신도 골프장 가면 돈 안 써? 돈은 누가 더 많이 쓰는데?"라고 방어를 합니다.

주거니 받거니 공격·방어, 공격·방어 이렇게 하다 보면 정말 밤새 싸워도 제자리에서 빙글빙글 돕니다. 10년 전 이야기까지 나옵니다. "당신 10년 전에 제주도 가서……" 아니면 "당신네 식구들은……" 혹은 "당신 친구들은 하나같이 쇼핑이나 하러 몰려다니고……" 이런 식으로 주변 사람들에게까지 불똥이 튑니다.

이렇게 싸움이 끝이 안 나다가 결국 싸우기도 지쳐서 이혼으로 가는 겁니다.

경멸

- "어쭈~"
- "이 새대가리야!"
- "어이, 뚱보아줌마!"
- "주제 파악이나 하시지!"
- "흥! 꼴에 잘난 척은!"

경멸은 관계를 망치는 독 중에서도 가장 나쁜 독입니다.

경멸은 비난과는 조금 다릅니다. 비난은 무엇을 잘못했을 경우 '네 잘못이다' '너는 인격적으로 문제가 있는 사람이다'라고 말하는 것인데, 경멸은 상대를 자신보다 어리거나 못난 사람 취급을 하는 것입니다. 조롱하고 비웃기도 합니다. 상대로서는 훨씬 더 기분이 나쁘겠죠.

예전에 한 TV 프로그램에 출연해서 어떤 부인과 전화로 상담을 한 적이 있습니다. 그 부인 말이 "우리 남편은 말을 너무 함부로 해요"라고 하소연했습니다.

그래서 "어떻게 함부로 하시는데요?" 하고 물었더니, 부인이 갑자기 막 우는 겁니다. 예를 하나 들어보라고 하자, 말 몇 마디만 나오면 자신한테 '이 새대가리야!'라고 한다면서 울더군요.

대개 그런 말을 하는 사람들은 '이 새대가리야!' 정도는 욕도 아니라고 생각합니다. 하지만 이런 경멸의 말들은 실제로 관계를 망치는 무서운 독입니다. 그런 말을 들은 사람은 10년, 20년이 지나도 그 말을 잊지 못합니다. 그런 만큼 굉장히 독성이 강합니다.

특히 다른 사람 앞에서, 친척들이 모인 자리나 모임에서 모욕을 주거나 비웃는 언행을 하는 것은 정말 나쁩니다.

제가 미국에 있을 때 일입니다. 한 유학생 부부가 있었는데, 그 부부가 첫아이 돌잔치를 하게 됐습니다. 도와주는 사람도 없는데 한국처럼 백화점 같은 데서 음식을 사 올 수 있는 것도 아니고, 혼자 잔치 준비를 하려니 아내가 아주 힘이 들었겠죠. 같은 여자가 봐도 정말 애쓴 흔적이 역력했습니다. 그렇게 있는 솜씨 없는 솜씨 발휘해서 상을 차렸습니다.

그런데 손님들이 왔을 때 남편은 상이 초라하게 느껴졌는지, 손님들 앞에서 이렇게 말하는 겁니다. "장가를 가려면 부잣집 딸한테 가야 한다니까요. 먹어본 게 있어야 할 줄 아는 게 있죠."

자기 딴에는 어색하고 미안하다는 뜻으로 한 말이었겠지만, 이 말을 들었을 때 아내의 기분은 어땠을까요? 아내는 가난한 집에서 굉장히 열심히 노력해서 공부하고 결혼까지 한 사람이었으니, 이 말이 얼마나 치명적이었겠습니까. 안타깝게도 그 부부는 갈등을 겪다가 결국 다음해에 이혼을 했습니다.

가트맨 박사는 경멸을 '사랑에 황산을 뿌리는 행위'라고 말합니다. 황산을 뿌리면 피부가 녹고 흉하게 변하는 것처럼 관계가 흉측하게 일그러진다는 뜻입니다.

지속적으로 경멸을 당한 사람은 4년 안에 감염성 질병에 걸릴 확률이 높다고 합니다. 우리의 면역세포를 파괴할 정도라는 것이죠. 그 정도로 경멸은 관계를 망치고 몸도 아프게 하는, 실제로 몸과 마음을 다 병들게 하는 아주 나쁜 행위입니다.

경멸의 핵심은 상대보다 자신을 더 우월한 위치에 놓는 것입니다. 지적으로, 도덕적으로, 인격적으로 자신이 우월하고 상대는 열등하다고 생각하는 것이죠.

경멸은 대개 적개심으로, 혹은 투쟁적으로 표현되기도 합니다. 그리고 경멸의 저변에는 상대의 긍정적인 면보다 부정적인 면을 먼저 보는 습관이 잠재되어 있습니다.

예를 들어 명절이나 생일 때 선물을 받아도 "안목이 없어. 역시 취향이 싸구려야" 하면서 좋은 것은 안 보고 좋지 않은 것을 먼저 보는 사람이 있습니다. 그러면 선물한 사람은 크게 무시당한 느낌을 받고, 그런 기분은 오랫동안 상처로 남습니다.

상대에 대해서 많이 알게 되면 그 사람이 어떤 점을 가장 수치스러워하는지, 혹은 어떤 점을 가장 자랑스러워하는지 알 수 있습니다. 그런데 배우자의 내면 세계를 잘 모르면 때로 칭찬하려던 의도가 오히려 놀리는 결과로 받아들여질 수도 있습니다. 그 사람의 자존심에 상처가 될 만한 것을 건드릴 수도 있기 때문입니다.

예전에 어떤 부부를 상담했는데, 남편이 아주 예쁘장하게 생겼습니다. 요즘은 그런 사람이 '꽃미남'이라고 해서 각광을 받죠. 아내가 남편에게 "당신은 얼굴이 예쁘장해서 인기가 높았겠는데, 그게 어릴 때 제일 자랑스러운 사실 아니었어?"라고 묻자, 남편은 "그게 내가 제일 창피했던 점이야"라고 대답했습니다.

예전에는 남자 얼굴이 예쁘장하면 기생오라비 같다고 하고, 남자 맞느냐고 놀리기도 했죠. 그래서 그 남자는 얼굴이 예쁜 게 너무 싫었던 겁니다. 창피해서 죽고 싶을 정도였다고 합니다. 그래서 아내가 사람들 앞에서 자신을 보고 '꽃미남'이라고 말하는 게 조롱하는 것 같아서 너무 싫었다고 하더군요.

이렇게 우리 생각에는 아무것도 아닌 일이 상대에게는 치명적인 상처가 될 수 있습니다. 따라서 부부라면 서로의 그런 점에 대해 잘 알고 있어야 합니다.

경멸에서는 말뿐만 아니라 표정도 중요한 역할을 합니다. 사실 말로 전달되는 메시지는 7퍼센트밖에 안 된다고 합니다. 93퍼센트는 말할 때의 표정, 억양, 눈빛, 말투, 자세, 행동으로 전달된다고 합니다.

쉬운 예로 '잘했다'는 말도 억양과 표정 등에 따라 극과 극의 의미를 지닐 수 있습니다. 표정과 감정에 대해 연구한 폴 에크만(Paul Ekman) 박사는 경멸의 표정은 왼쪽 입술을 뺨 쪽으로 당기면서 비웃거나, 눈을 위로 굴리면서 코웃음 치는 것이라 말합니다. 그러므로 누군가에게 말을 할 때는 말투와 표정에도 주의해야 합니다.

담쌓기

- '어휴 지겨워. 또 시작이군……'
- '그래, 혼자 실컷 떠들어라.'
- '이럴 땐 그저 피하는 게 상책이라니까……'

이혼으로 가는 네 번째 지름길은 담쌓기입니다. 영어로는 'stone walling'이라고 하죠. 말 그대로 상대와의 사이에 담을 쌓는 행위입니다. 눈 마주치지 않기, 전화 꺼놓기, 상대가 말하는데 대답하지 않기, 각방 쓰기, 집 나가기, 별거하기 등이 모두 담쌓기입니다.

담쌓기를 하면, 겉으로는 말을 안 하지만 사실 머릿속에서는 이런 말들을 합니다. '아휴, 지겨워……' '제발 그만해, 날 좀 내버려둬. 한 번만 더 뭐라고 하면 폭발한다.'

말을 많이 하는 남자도 있지만, 일반적으로 대화의 80퍼센트 정도는 여자들이 먼저 시작합니다. 그런데 여자가 말을 시작하면 귀를 딱 막고 '어휴, 지겨워. 가서 잠이나 자자' 하고 생각하든지 '그래, 너 혼자 잘 떠들어라' 아니면 '도망가는 게 상책이야. 여기 있어봐야 지겨운 잔소리만 들을 테니까……' 이렇게 반응하는 남자들이 적지 않습니다.

일반적으로, '못살겠다, 못살겠다' 하는 부부를 보면 아내가 바가지를 긁고 남편은 마이동풍, 혹은 절벽 같은 경우가 많습니다.

집에 와서 말을 안 하는 남편 때문에 답답해서 못 살겠다는 주부를 상담한 적이 있었습니다. 남편이 집에 와서 온다간다 말 한 마디 없고, 몇 시에 들어올지 얘기도 안 하자 아내는 '이 사람이 발성기관에 문제가 있나, 아니면 청각기관에 이상이 있나, 아니면 심리적으로 무슨 문제가 있나' 하고 생각했다고 합니다.

이 부부의 경우 이렇게 남편의 담쌓기가 갈등의 주된 원인이었습니다.

남편은 '사사건건 트집 잡고 나를 이상한 사람 취급하는 아내와 정말 못살겠다. 제발 날 좀 가만히 내버려둬라. 괴롭다'라고 생각했습니다. 반면에 아내는 '이 사람이 연애할 때는 배려해 주고 따스한 사람이었는데, 어떻게 이렇게 무관심하고 나를 철저하게 외면할 수가 있나? 애인이라도 생겼나?' 하고 생각했습니다.

그러나 사람이 바뀐 게 아니었습니다. 무엇이 바뀐 걸까요? 상호작용이 바뀐 것입니다. 연애할 때는 아내도 분명 말을 부드럽게 했을 것이고 남편 역시 아내에게 자상한 태도를 보였을 겁니다.

많은 사람들이 그래도 담쌓기가 싸우는 것보다 낫지 않느냐고 묻습니다. 하지만 담쌓기 역시 이혼으로 가는 지름길이라는 점을 명심해야 합니다.

담쌓기를 하면서 '우리는 싸움은 안 해요'라고 말하지만 사실은 싸우는 것이나 다름없습니다. 그리고 적대적인 감정이 해소가 안 된 상태로 불신만 점점 더 깊어지면서 관계가 망가집니다.

가트맨 박사의 부인이자 가트맨 연구소의 수석 임상연구사인 줄리 가트맨 박사는 이혼하는 사람들은 대개 두 부류라고 말합니다. 하나는 폭력까지 오갈 정도로 격하게 싸워서 싸움만 했다 하면 육체적으로나 정신적으로 견딜 수 없을 정도여서 이혼하는 경우입니다.

다른 하나는 큰소리 한 번 안 내고 무척 점잖고 조용한 것 같은데 실제로는 감정적인 단절이 일어나서 '너는 너 나는 나'로 완전히 평행선 생활을 하는, 감정적인 연결이 끊어진 상태입니다. 즉 담쌓기 상태가 심각해진 경우입니다.

저는 위의 부부에게 이 악순환의 고리를 설명한 후, 아내에게는 부드럽게 말을 시작하라고 처방하고, 남편에게는 공격받는 느낌 때문에 신체적으로 각성되고 감정이 걷잡을 수 없이 올라오면 즉각 심호흡을 하면서 진정하라고 처방을 내렸습니다.

그러자 이 부부는 바로 효과를 보았습니다. 그리고 효과가 일시적인 것이 아니라 지속성이 있다는 것을 확인하기 위해 두 달 후 그 부부를 다시 만났습니다. 이제는 무척 행복하다며 남편이 아내보다 더 좋아했습니다. 아울러 '부부 사이가 좋아지니까 아이들도 너무나 밝아졌다'고 덧붙였습니다.

관계의 해독제 1 : 비난 대신 요청하라

비난의 해독제는 적절한 불평과 요청입니다. 상대를 비난하는 대신 상황에 대해 불평하고 요청하는 것입니다.

그런데 비난과 불평은 어떻게 다를까요? 불평은 "집이 너무 어질러졌네" 아니면 "집에 왔는데 먹을 게 하나도 없네" 하고 말하는 것입니다. 반면에 비난은 "당신은 도대체 뭐 하는 여자가 싸돌아다니면서 냉장고도 이렇게 텅텅 비워놓았어?"라고 말하는 것입니다.

아내가 자동차를 사용한 뒤 휘발유가 거의 바닥인데도 채워 넣지 않은 경우를 생각해 봅시다. 며칠 뒤 남편이 운전을 하다가 중간에 휘발유가 떨어져서 차가 멈췄습니다. 남편은 화가 나겠지요. 굉장히 위험한 일이 벌어질 수도 있습니다.

이때 남편이 아내에게 "기름 다 떨어지기 전에 넣으라고 번번이 얘기했는데. 바보야, 그걸 까먹어?"라고 비난합니다. 그런 말을 듣고 "아, 잊어버려서 정말 미안해" 하고, 진심으로 '다음엔 기름이 떨어지기 전에 꼭 넣어야지'라고 생각할 사람은 거의 없을 겁니다. 대개는 "그러는 당신도 저번에 보니까 그러더라!" 하고 바로 반격을 합니다.

그렇게 비난하는 대신 "내가 그렇게 여러 번 부탁한 것을 당신이 잊어버리니까 화가 나" 정도로 불평해 보세요. 그리고 "다음엔 내가 하는 말을 잘 기억해 주면 좋겠어" 하고 요청하세요. 그러면 화를 내더라도 그것이 관계를 망치는 도구로 사용되지는 않을 것입니다.

"당신이 요즘 나한테 관심이나 있어?" 이 말은 비난입니다. 주어를 '당신'으로 시작하면 거의 비난입니다. 그 말을 한 사람 입장에서는 '나는 지금 굉장히 답답하고 속이 상하다'라는 뜻이지만, 듣는 사람 입장에서는 '어이쿠, 또 공격하는구나' 이렇게 받아들입니다. 그리곤 "그러는 당신은 나한테 관심이나 있어?" 이렇게 나오거나 묵묵부답으로 담쌓기를 하게 됩니다.

"당신이 요즘 나한테 관심이나 있어?"를 요청으로 바꾸어 "집에 일찍 들어왔으면 좋겠어요"라고 하거나 아니면 "나한테 관심을 보여줬으면 좋겠어요"라고 말해 보세요.

그러면 상대가 공격받은 느낌을 받지 않습니다. "음, 생각해 볼게." "아, 생각해 보니까 요새 좀 늦게 들어왔네" 이런 식으로 반응이 달라질 수밖에 없습니다.

요청할 때는 부드럽게, 구체적으로

부부치료에 대한 TV 프로그램에서 맞벌이부부이면서 가사를 전혀 돕지 않는 남편들에 대해 다룬 적이 있습니다. 그 문제로 이혼 지경에까지 이른 부부들이 있다는 담당 PD의 얘기를 듣고, 프로그램에 출연한 부인들 가운데 갈등의 골이 깊은 세 사람을 뽑아 교육을 했습니다.

"우리 남편은 내가 청소기를 돌리고 있어도 눈 하나 깜짝 안 하고 TV만 봅니다"라거나 "아기가 울어도 쳐다도 안 봐요. 10년 동안 나는 안팎으로 뼈 빠지게 일했는데, 남편은 너무 심해요. 이혼하고 싶어요" 하고 말하는 사람들이었습니다.

그러나 처음 만났을 때 이렇게 말하던 사람들이 교육을 받고 얼마 지나지 않아 달라졌습니다. 담당 PD가 2주 후 그들의 집을 방문했습니다. 남편들이 방송이니까 도와주는 척할지 몰라도 실제로는 아닐 거라고 생각하고 갔습니다.

그런데 남편들이 앞치마를 두르고, 아기를 업고, 청소기를 돌리고 있었습니다. 싫은 걸 억지로 하는 게 아니라 정말 재미있게 하고 있었다고 합니다. 그래서 담당 PD는 너무나 놀라워하며 어떤 교육을 시켰냐고 제게 물었습니다.

저는 아내들에게 남편이 도와줬으면 하는 일들을 적어보라고 했습니다. 그러자 '세탁기 좀 돌려주면 좋겠다' '걸레질 좀 해주면 좋겠다' '아기가 울 때 안아주면 좋겠다' '가끔씩 아이랑 놀이공원에 가줬으면 좋겠다' '내가 밥 차릴 때 수저라도 놔줬으면 좋겠다' '먹은 밥그릇이랑 수저를 설거지통에 갖다만 놔도 좋겠다' 등 여러 가지가 나왔습니다.

그 다음에는 그중에서 남편이 가장 하기 싫어하는 것이 무엇인지 1가지만 골라보라고 했습니다. 어떤 남편은 절대 걸레질은 안 한다, 어떤

가 떨어져서 차가 멈췄습니다. 남편은 화가 나겠지요. 굉장히 위험한 일이 벌어질 수도 있습니다.

이때 남편이 아내에게 "기름 다 떨어지기 전에 넣으라고 번번이 얘기했는데. 바보야, 그걸 까먹어?"라고 비난합니다. 그런 말을 듣고 "아, 잊어버려서 정말 미안해" 하고, 진심으로 '다음엔 기름이 떨어지기 전에 꼭 넣어야지'라고 생각할 사람은 거의 없을 겁니다. 대개는 "그러는 당신도 저번에 보니까 그러더라!" 하고 바로 반격을 합니다.

그렇게 비난하는 대신 "내가 그렇게 여러 번 부탁한 것을 당신이 잊어버리니까 화가 나" 정도로 불평해 보세요. 그리고 "다음엔 내가 하는 말을 잘 기억해 주면 좋겠어" 하고 요청하세요. 그러면 화를 내더라도 그것이 관계를 망치는 도구로 사용되지는 않을 것입니다.

"당신이 요즘 나한테 관심이나 있어?" 이 말은 비난입니다. 주어를 '당신'으로 시작하면 거의 비난입니다. 그 말을 한 사람 입장에서는 '나는 지금 굉장히 답답하고 속이 상하다'라는 뜻이지만, 듣는 사람 입장에서는 '어이쿠, 또 공격하는구나' 이렇게 받아들입니다. 그리곤 "그러는 당신은 나한테 관심이나 있어?" 이렇게 나오거나 묵묵부답으로 담쌓기를 하게 됩니다.

"당신이 요즘 나한테 관심이나 있어?"를 요청으로 바꾸어 "집에 일찍 들어왔으면 좋겠어요"라고 하거나 아니면 "나한테 관심을 보여줬으면 좋겠어요"라고 말해 보세요.

그러면 상대가 공격받은 느낌을 받지 않습니다. "음, 생각해 볼게." "아, 생각해 보니까 요새 좀 늦게 들어왔네" 이런 식으로 반응이 달라질 수밖에 없습니다.

요청할 때는 부드럽게, 구체적으로

부부치료에 대한 TV 프로그램에서 맞벌이부부이면서 가사를 전혀 돕지 않는 남편들에 대해 다룬 적이 있습니다. 그 문제로 이혼 지경에까지 이른 부부들이 있다는 담당 PD의 얘기를 듣고, 프로그램에 출연한 부인들 가운데 갈등의 골이 깊은 세 사람을 뽑아 교육을 했습니다.

"우리 남편은 내가 청소기를 돌리고 있어도 눈 하나 깜짝 안 하고 TV만 봅니다"라거나 "아기가 울어도 쳐다도 안 봐요. 10년 동안 나는 안팎으로 뼈 빠지게 일했는데, 남편은 너무 심해요. 이혼하고 싶어요" 하고 말하는 사람들이었습니다.

그러나 처음 만났을 때 이렇게 말하던 사람들이 교육을 받고 얼마 지나지 않아 달라졌습니다. 담당 PD가 2주 후 그들의 집을 방문했습니다. 남편들이 방송이니까 도와주는 척할지 몰라도 실제로는 아닐 거라고 생각하고 갔습니다.

그런데 남편들이 앞치마를 두르고, 아기를 업고, 청소기를 돌리고 있었습니다. 싫은 걸 억지로 하는 게 아니라 정말 재미있게 하고 있었다고 합니다. 그래서 담당 PD는 너무나 놀라워하며 어떤 교육을 시켰냐고 제게 물었습니다.

저는 아내들에게 남편이 도와줬으면 하는 일들을 적어보라고 했습니다. 그러자 '세탁기 좀 돌려주면 좋겠다' '걸레질 좀 해주면 좋겠다' '아기가 울 때 안아주면 좋겠다' '가끔씩 아이랑 놀이공원에 가줬으면 좋겠다' '내가 밥 차릴 때 수저라도 놔줬으면 좋겠다' '먹은 밥그릇이랑 수저를 설거지통에 갖다만 놔도 좋겠다' 등 여러 가지가 나왔습니다.

그 다음에는 그중에서 남편이 가장 하기 싫어하는 것이 무엇인지 1가지만 골라보라고 했습니다. 어떤 남편은 절대 걸레질은 안 한다, 어떤 남편은 빨래 개는 건, 특히 여자 속옷을 개는 건 엄청 싫어한다. 이렇게 사람마다 절대 하기 싫어하는 일이 있었습니다. 그것은 목록에서 빼라고 했습니다.

그렇게 싫어하는 일에는 그 사람 나름대로의 사연이 있을 수 있기 때문이지요. 예를 들어 걸레질을 절대로 하지 않는 사람은 군대에서 걸레질을 잘못해서 피멍이 들도록 맞았던 일이 있을 수 있고, 속옷 개는 것을 기피하는 사람은 어려서부터 아버지에게 여자 속옷은 절대 손대지 말라는 교육을 받았다거나 하는 사연이 있을 수 있습니다. 그런 일들은 건드리지 않는 게 좋습니다.

남편이 절대 하기 싫어하는 일 말고 비교적 저항이 덜한 일을 골라서 '비난하지 말고 구체적으로 부드럽게 요청하라'고 조언했습니다. "그 프로그램 다 보고 나면 청소기 좀 돌려줄래?" "이번 주말 전까지, 이것만 해주면 좋겠어요" 하는 식으로 요청하라는 것이죠. 그렇게 구체적으로 부드럽게 요청한 결과 남편들은 아내의 일을 즐겁게 도와주게 된 것입니다.

상대가 요청을 들어줬을 때는 고맙다는 표현을 한다

'당신은……'이 아니라 '나 전달법(I-message)'으로 부드럽게 '나는 당신이 무엇을 어떻게 언제까지 이렇게 해주면 좋겠어요' 하고 구체적으로 요청한 다음, 요청한 것을 상대가 조금이라도 해주면 거기에 대해서 반드시 고맙다는 표현을 하는 게 중요합니다. 설령 자신이 생각한 기준에 못 미친다 하더라도 말입니다.

앞서 예로 든 세 사람에게 이 이야기를 하자, 다들 "지금까지는 안 해주면 안 해준다고 뭐라 하고, 해주면 겨우 이것밖에 못하느냐면서 또 뭐라고 했었어요"라고 이야기했습니다.

그러면 상대 입장에서는 안 해도 야단맞고 해도 야단맞으니 자연히 안했겠죠. 이런 것을 '학습된 무기력감'이라고 합니다.

아이들도 마찬가지입니다. 아이가 공부를 안 하면 부모는 야단을 칩니다. 그런데 공부를 해서 70점을 받아 오면 "이것밖에 못했어? 조금만 더 하면 되는데"라고 꾸짖습니다. 그러면 아이 입장에서는 해도 야단맞고 안 해도 야단을 맞는 셈이니 '안 하고 야단맞자'라고 생각하게 됩니다.

반면에 공부를 안 하던 아이가 책상에만 앉아 있어도 "아, 예쁘다" "잘한다" 하며 칭찬하고, 70점을 맞으면 "50점 맞을 때보다 이만큼 더 잘했구나" 하고 칭찬해 주면 그 아이는 더 열심히 해야겠다는 생각이 듭니다.

원하는 바를 구체적으로 부드럽게 요청하고, 상대가 요청을 들어준 후에는 꼭 고마움을 표현합니다. 그러면 상대도 즐겁고, 따라서 더 해주게 됩니다.

예를 들어 청소를 해준 남편에게 고맙다고 말하면 "하는 김에 애들 방도 해야지. 또 할 일 없어?" 하는 대답이 나옵니다.

그렇게 청소 하나로 시작해서 부부가 갖고 있던 대화, 이해, 양보, 타협 등 많은 문제들이 다 같이 풀리기 시작하는 것입니다.

관계의 해독제 2 : 방어 대신 인정하라

방어의 해독제는 인정하는 것입니다. 하지만 "그래, 다 내 잘못이다!" 이렇게 말하는 것은 진정으로 인정하는 것이 아닙니다. '더 이상 말하지 않겠으니 네 마음대로 해라' 하고 담을 쌓는 것입니다.

예를 들어 남편이 와이셔츠를 다려놓지 않았다고 비난하는 경우, "지난주에 여섯 개나 다려놨는데 그 사이에 다 입은 줄 몰랐어. 미안해"라고 말할 수 있습니다. 그러나 이것은 얼핏 보기에는 인정 같지만 변명으로 들려서 오히려 화를 더 돋울 수 있습니다. 진정으로 인정하는 것은 "미안해. 요즘 와이셔츠를 일주일이나 다리지 못했네"라고 하는 것입니다.

여기서 중요한 것은 '부분적으로 약간만' 인정하는 것입니다. '요즘' '좀' '이번에는' '그 일에 대해서는' 정도만 하면 됩니다. 물론 그렇다고 해서 마음에 없는 말을 하라는 얘기가 아닙니다. 반드시 진정성이 있어야 합니다.

"그래요. 나는 살림 하나도 못해요. 지금까지 당신한테 잘해준 게 하나도 없네요." 이런 식으로 말하는 것은 사실 진정으로 인정하는 것이 아닙니다. 작은 것 하나라도, 정말 인정할 만한 일에 대해서 '조금만' 인정하면 관계가 독이 되지 않고 해독이 됩니다. 사실 방어는 너무나 흔히 쓰기에 가트맨 박사조차 연구 이전에는 방어가 관계를 망치는 독인 줄 몰랐습니다. 당연히 그 해독제도 몰랐습니다. "부분적으로 약간만 인정하라"는 해독제를 사용할수록 그 효과에 놀라게 됩니다.

관계의 해독제 3 : 경멸 대신 호감과 존중을 표현하라

경멸에 대한 해독제는 호감과 존중을 자주 표현하는 것입니다. 호감과 존중을 표현할 때는 말뿐만 아니라 억양이나 표정 등에도 주의해야 합니다.

관계를 개선해 가는 중에는 아직 상대에게 마음이 완전히 열린 상태가 아니기 때문에 오해의 소지가 있는 표정이나 말투를 쓰지 않도록 조심해야 합니다. 또한 진지하게 진심을 담아서 얘기해야 합니다.

집안 분위기를 호감과 존중을 자주 표현하는 문화로 바꾸면 경멸의 언행이 나올 겨를이 없습니다. 대표적인 경멸의 말을 호감과 존중의 말로 바꿔보면 다음과 같습니다.

"어쭈~!" ☞ "정말 잘했어."
"이 새대가리야!" ☞ "난 순진하고 고지식한 사람이 좋더라."
"어이, 뚱보아줌마!" ☞ "너무 마른 사람보다 푸근해서 좋아."
"지나가는 개가 웃겠다." ☞ "당신의 유머감각은 정말 특별해."
"너나 잘하세요." ☞ "충고해 줘서 고마워."
"넌 그냥 그렇게 살아라." ☞ "우리 좀더 잘해보자."

호감과 존중의 말은 이 외에도 여러 가지로 표현될 수 있습니다. 호감과 존중은 말로만 전해지는 것이 아닙니다. 말로 전해지는 것은 7퍼센트밖에 안 됩니다. 따라서 진심을 담아서 얘기해야 합니다.

진심을 담아서 얘기를 했다 하더라도 상대가 오해를 할 수 있습니다. 상처가 없으면 꼬집어도 아프지 않지만, 상처가 있으면 누가 어루만져 줘도 '아야!' 하는 소리가 나옵니다.

아무리 좋은 말이라도 어렸을 때 그 말과 관련하여 상처를 받은 적이 있거나, 속은 적이 있거나, 누군가가 그런 식으로 자기를 이용한 적이 있다면 잘못 들을 수 있는 것입니다.

관계의 해독제 4 : 담쌓기 대신 대화를 하라

담쌓기의 해독제는 '진정 후 대화하기'입니다. 물론 대화를 바로 시작할 수 있으면 좋겠지만, 담쌓기를 할 때는 이미 신체적·생리적으로 흥분된 상태입니다. 따라서 감정이 쉽게 격해질 수 있기 때문에 바로 대화를 하려 해도 좋지 않은 말들이 튀어나오거나 나중에 후회할 만한 일을 하게 됩니다.

가트맨 박사는 이런 경우 호흡을 가다듬고 산책을 하든지, 음악을 듣든지, 노래를 부르든지 해서 마음이 안정되고 난 다음에 대화를 시작하라고 처방합니다.

이때 가장 중요한 것은 우선 상대의 관점을 들어주는 것입니다. '옳다, 그르다'를 따지지 않아야 합니다. 상대의 의견이 마음에 들고 안 들고를 떠나서 '그렇게 볼 수 있겠네'라고 반응하는 겁니다. 아니면 "날 믿고 얘기해 줘서 고마워" 정도만 말해도 됩니다.

예를 들어 한 할아버지가 "우리 마누라는 날 싫어하고, 만날 밖으로 싸돌아다니기만 한다"면서 불평합니다. 그런 말을 듣고 "할아버지, 그게 아니에요. 할아버지가 자꾸만 그렇게 불평하니까 할머니가 그러시잖아요" 하고 옳고 그르고를 따져서 반응하면 안 됩니다. 그러면 할아버지 입장에서는 '아, 이 사람도 나한테 훈계하려 드는구나. 당신도 다를 바가 없다' 하고 생각하게 됩니다.

그 대신 "할머니가 그러시는 것 때문에 많이 속상하셨겠네요"라고 할아버지의 얘기를 받아들여줘야 합니다. 할아버지 관점에서는 할머니가 할아버지를 무시하고, 다른 집에 가면 자기 흉만 본다고 생각합니다. '자식도, 며느리도, 손자들까지도 다 나를 싫어한다'는 것이 할아버지에게는 현실입니다.

그 현실을 일단 받아들이고 "할아버지 입장에서는 그렇게 느껴질 수 있겠네요. 그래서 많이 속상하셨겠네요" 하고 인정을 해주면 할아버지가 마음을 엽니다.

비난을 많이 하는 부정적인 사람에게 대화를 통해 받아주고 수용해주면 더 심해진다고 생각하는 사람들이 있습니다. 그래서 바람직한 방식으로 대화를 하지 않고 퉁명스럽게 대합니다.

예를 들어 어떤 사람은 아버지가 하도 잔소리를 하기에 어느 날 아버지에게 비난을 퍼부었더니 그다음부터는 아버지가 잔소리를 하지 않더라고 얘기합니다. 그러나 그것은 결코 관계를 개선한 것이 아닙니다.

부정적인 사람에게 대화로 부드럽게 다가가면 안 좋을 것이라고 걱정하지만, 사실은 그렇지 않습니다. 이쪽에서 대화로 다가가면 부정적인 사람이라도 마음을 열고 다가오게 되어 있습니다.

이와 같은 대화가 가능하려면 일단 자신이 심리적으로 건강해야 합니다. 두 사람이 서서 상대를 서로 밀다가 한 사람이 넘어지는 게임을 생각해 볼까요? 내가 흔들흔들하면 누가 조금만 건드려도 그냥 넘어집니다. 그런데 내가 튼튼하면 어느 정도 밀어도 넘어지지 않습니다.

그것과 마찬가지입니다. 내가 심리적으로 건강하면 상대가 어떤 얘기를 하더라도 받아들일 수 있습니다.

관계를 망치는 고리를 끊어라

부부치료에 관한 다큐멘터리 프로그램에 출연했던 한 부부가 있었습니다. 그 부부는 결혼 행복도 점수가 158점 만점에 9~11점 정도였습니다. 이혼 위기도는 14점 만점에 4점 이상이면 이혼의 위기에 들어간 것으로 보는데, 이 부부는 13점으로 이혼하기 직전이었습니다.

그 부부가 싸우는 모습을 촬영한 비디오를 15분 정도 보여주면서 담당 PD가 이렇게 말했습니다. "이 사람들은 대체 무엇 때문에 싸우는지 모르겠습니다. 누가 외도를 하는 것도 아니고, 폭력이 오가는 것도 아니고, 심각한 경제 문제나 고부갈등도 없고 술 문제도 없는데 왜 못살겠다고 하는지 모르겠습니다."

그런데 제가 보니 싸우는 모습이 비난, 경멸, 방어, 담쌓기의 연속이었습니다. 이혼으로 가는 네 가지 방식을 다 쓰고 있었던 것입니다.

예를 들어보겠습니다. 일요일에 남편이 자고 있습니다. 그러자 아내가 "당신은 도대체 어떻게 된 사람이 허구한 날 일요일이면 잠만 자?"라고 비난조로 말을 시작합니다. 그러자 남편이 "잠 좀 자자. 평일에 일 많이 했잖아. 일요일엔 쉬고 싶다고."

처음에는 남편이 이렇게 약간의 방어를 하면서 이불을 뒤집어썼습니다. 그랬더니 아내가 "당신은 애들한테 만날 거짓말만 하잖아"라면서 또 비난합니다. 인격적으로 '당신은 거짓말쟁이다'라는 뜻이 함축된 표현이죠. "애들이 놀이공원 가려고 일요일을 얼마나 기다렸는데 왜 만날 약속을 어겨?" 이렇게 '항상' '만날'이라는 표현을 써가며 비난을 계속합니다.

그러자 남편이 벌떡 일어나서 "그러는 당신은? 당신은 도대체 주중에 뭘 했는데?" 하며 방어를 합니다. 그리고 아내가 비난을 계속하자 남편은 "야야! 이 정도면 복에 겨운 줄 알아!" 하고 경멸을 합니다. 아내는 경멸을 받으니 더 화가 나겠죠.

한 가지 사례를 더 보겠습니다. 결혼한 지 25년 정도 된 부부가 있었습니다. 술 문제 때문에 못살겠다고 하는 부부였습니다. 이혼하기 직전이고 1년 넘게 각방을 쓰고 있었지요. 이 부부의 대화 장면을 촬영한 것을 보니 이들 역시 비난, 경멸, 방어, 담쌓기의 연속이었습니다.

남편이 술을 마시고 거의 새벽 1~2시가 돼서 들어옵니다. 그러자 아내는 "또 술 처먹고 들어왔구나? 어이구, 지겨워!"라고 비난합니다. 그러자 남편은 못 들은 척합니다. 담쌓기를 하는 것이죠.

남편이 세수를 하고 나오자 "도대체 당신은 어떻게 된 사람이 그렇게 술 좀 마시지 말라고 하는데도 만날 마시고 돌아다녀? 오늘은 또 누구랑 마셨어? 지금이 몇 시인 줄 알아?" 이렇게 비난을 쏟아냅니다.

그러자 담쌓기를 하던 남편은 방어를 시작합니다. "그만 좀 해! 내가 내 돈으로 술 마셨냐? 친구들이 사줬다!"라고 대응합니다. 그러자 아내는 "그 꼴같잖은 친구들. 하나같이 할 일이 없으니까 당신 불러내는 거지!" 하면서 경멸을 합니다.

그러면 남편은 "당신은 친구도 없잖아! 내가 술 마신다고 외도를 하기를 해, 폭력을 휘두르기를 해? 친구들하고 술 마시는 것까지 막으면 무슨 재미로 살라고? 당신같이 못된 여자랑 같이 살아주는 것만도 감지덕지해야 할 주제에!" 이렇게 맞받아치며 방어와 경멸의 말을 쏟아냅니다.

술로 시작된 말다툼이 서로의 다른 부분에 대한 비난, 경멸, 방어, 담쌓기로 이어집니다. 대화가 제대로 될 수 없습니다. 이런 악순환의 이면에는 사실 당사자에게는 아주 괴로운 문제가 자리 잡고 있는 경우가 많습니다.

이 부부의 경우, 남편은 열 살 때 어머니가 갑자기 돌아가셨고, 2년 뒤엔 아버지마저 돌아가셨습니다. 그러자 큰형은 돈을 벌기 위해 타지로 갔고, 본인은 고향에 남아 고아 아닌 고아처럼 살았습니다.

그후 군대에 다녀오고 사회생활을 하면서 이 사람에게는 친구가 형제이자 부모이자 동료였습니다. 술이 좋아 술을 마신다기보다는 끈끈한 정을 느끼고 싶어서 술을 마셨습니다.

즉 '이 사람들이 내 친구고 보호자고 동료다. 나를 이해해 주고 어려우면 하소연할 수 있는 사람들이다' 하는 유대감을 끊기가 싫었던 것입니다.

아내의 말로는 친구가 술 마시자고 하면 자다가도 뛰어나간다는 겁니다. 아내는 남편의 그런 모습이 너무나 보기 싫었습니다.

아내의 어머니는 억척스러운 농촌 아낙네였고 아버지는 무능했다고 합니다. 어머니는 힘들 때면 술을 마셨는데, 술만 마시면 동네를 다니면서 신세한탄을 하며 술주정을 했습니다.

중학교 2학년 때쯤의 어느 날, 학교가 끝나고 친구와 함께 집에 오는데 엄마가 동네 아줌마들 사이에서 얼굴이 벌겋게 된 채 술주정을 하고 있더랍니다. 그 모습이 너무 창피해서 숨고 싶었다고 합니다. 부모가 자아형성과 정체감에 중요한 역할을 하는 나이에 큰 상처를 받은 것입니다.

그런데 결혼 후 남편이 술 먹고 술 냄새를 풍기면 자신도 모르는 혐오감에 분노가 치밀어오르는 것이죠. 그것이 싫어서 화를 내고 잔소리를 해대도 효과가 전혀 없으니까 점점 더 화가 난 것입니다.

겉으로 봐서는 술 문제이지만 그 안에 더 깊은 문제가 숨어 있는 것입니다. 어렸을 때 입은 상처나 자신이 인생에서 가장 소중한 가치로 보는 것, 본인이 살고 싶은 모습 등이 훼손된다든가 하는 여러 가지 깊은 문제일 수 있습니다.

그런데 그렇게 싸우면 자신이 전달하고자 하는 의도를 정확하게 전달할 수가 없습니다. 점점 더 오해만 쌓이게 마련입니다. 그렇게 25년을 똑같은 레퍼토리로 싸운 것입니다.

이들은 과연 어떻게 문제를 해결했을까요? 실마리를 어떻게 풀어갔을까요?

서로의 어린 시절을 이해하는 것은 한참 뒤의 단계입니다. 처음부터 그 단계에 들어가지는 못합니다. 서로가 독과 상처로 가득 차 있기 때문에 '뭐? 어린 시절? 웃기지 마. 당신만 어렵게 자랐냐? 그깟 일로 날 그렇게 괴롭혀?' 이렇게 냉정하고 매몰차게 반응할지도 모릅니다.

일단 먼저 말을 꺼내는 쪽이 부드럽게 시작해야 합니다. 화가 나고 감정이 북받치면 먼저 15초만 천천히 호흡을 하면 진정이 됩니다.

그러고 나서 부드럽고 조용하게, '나 전달법'으로 원하는 바를 요청합니다. "난 당신이 술 마시고 늦어지면 음주운전 하다가 사고 날까 봐 불안해. 혹시 술을 마시면 대중교통 이용하고, 아무리 늦더라도 12시 전에는 들어왔으면 좋겠어."

처음엔 이렇게 부드럽게 말하는 게 저자세로 나가는 것 같고, 자존심을 굽히는 것 같아서 부아가 치밀기도 합니다. '잘못은 누가 했는데 왜 내 성질을 눌러야 해?' 이런 마음이 들어 말이 부드럽게 잘 안 나옵니다. 하지만 격하게 시작해 봤자 더 나쁜 반응만 얻게 되어 서로를 더 공격하게 되고 분노만 더 쌓입니다.

반대로 부드럽게 말하면 상대의 반응은 놀랍도록 양순하고 공손해집니다. 부드러운 시작은 악순환을 선순환으로 바꾸는 티핑포인트가 됩니다.

그리고 서로 잘못 알고 있던 것을 깨야 합니다. 아내는 '이 사람이 술만 안 마시면 우리 집은 아무 문제 없을 거다'라고 생각했고, 남편은 '우리 부부는 성격 차이 때문에 못 산다'라고 생각했습니다.

하지만 성격 차이가 문제가 아닙니다. 성격은 고칠 수도 없고 고칠 필요도 없습니다. 그렇게 잘못 생각하고 있으니까 25년을 싸워도 문제가 해결이 안 되었던 것입니다.

먼저 아내가 말을 부드럽게 시작하며 비난하는 대신 요청하도록 가르쳐주고, 남편은 방어나 담쌓기 대신 "그래, 오늘도 내가 늦게까지 술 마셨다. 당신한테 연락을 안 해서 걱정했을 텐데 미안하다"라고 부분적으로 인정하는 것을 연습해 보도록 했습니다.

"다음부터는 술 마신다고 전화해 주고 늦더라도 자정은 넘기지 않을게." 이렇게 공격-방어의 패턴을 요청-인정으로 바꾸니까 서로의 입장을 배려해 주고 요청을 귀담아듣게 되었습니다.

그렇게 호감과 존중이 쌓인 뒤에야 어린 시절의 상처에 대해서도 들을 수 있고 서로가 더 애틋하고 보듬어주고 싶은 소중한 존재로 여겨지게 됩니다.

불행한 부부가 불행한 아이를 만든다

무엇보다 이러한 부정적 감정의 가장 큰 피해자는 바로 자녀들입니다. 부정적 감정이 상승되어 자녀들에게 직간접적으로 심각한 악영향을 미치게 됩니다.

얼마 전에 저에게 도움을 청하러 온 한 부모의 사례입니다. 중학교 3학년생 아들이 학교에 가지 않고 나쁜 친구들과 어울려 가출하고, 용돈을 주지 않으니까 초등학생들의 돈을 뺏다가 경찰의 신고로 붙잡혔다고 합니다.

아들은 집에서는 방에 틀어박혀 부모와 눈도 마주치지 않고 밤새 폭력물 게임을 하고, 낮에는 잠만 잔다고 했습니다. 부모가 싫은 소리라도 하면 부모에게 막말을 하고 때릴 기세로 덤벼들어 무서워서 야단도 못 치고 어떻게 해야 좋을지 모르겠다는 것이었습니다.

언제부터 그랬느냐고 물으니, 중학교 2학년 초부터 시작되더니 점점 걷잡을 수 없이 나빠졌다고 합니다. 어릴 때는 순한 편이었고 엄마를 많이 따르고 재롱도 많이 부리는 귀염둥이였다고 합니다.

그러면서 아이들이 어릴 때부터 부부싸움을 자주 했다는 얘기를 들려주었습니다. 특히 아이가 초등학교 6학년 때, 남편의 외도 사실을 알고 그때부터 2년간 격렬하게 다퉜다고 합니다. 남편이 집을 나가면 아이들 앞에서 "네 아빠가 얼마나 나쁜 인간인 줄 아냐? 엄마 인생을 이렇게 망쳐놨다. 열심히 살려는 엄마한테는 아까워서 돈도 안 준다"라며 울면서 실컷 하소연을 했다고 합니다.

처음엔 "아빠 나빠. 엄마, 우리끼리만 살자. 내가 잘할게" 하고 위로 하던 아들이 중학교에 들어가자 나쁜 아이들과 어울리며 꼭 남편처럼 술을 마시고 늦게 들어오고 말을 함부로 내뱉고 급기야는 가출까지 했습니다.

저는 부모의 다툼을 목격하는 아이들이 얼마나 많은 스트레스를 받는지를 말해 주었습니다. 영국에서는 부모가 아기 앞에서 언성을 높이면서 언쟁을 하면 생후 6개월밖에 안 된 아기의 소변 속에서 스트레스 호르몬이 다량 검출된다는 사실을 발견했습니다.

그리고 최근 가트맨 연구소에서는 아이의 소변 중 스트레스 호르몬 농도만 봐도 그 부모가 이혼할지 어떨지를 예측할 수 있다는 연구 결과를 발표했습니다.

아이들은 부모의 싸움을 목격할 때 엄청난 불안과 공포를 느낍니다. 숨이 막힐 지경으로 심장이 빨리 뛰고 머리가 멍해지며 어쩔 줄 몰라 당황합니다. 또한 자신이 뭔가 잘못한 건 아닌가 하면서 죄책감을 갖거나, 부모가 남들 앞에서 다툴 경우에는 심한 수치심도 느낍니다.

자신이 어찌 해도 상황이 좋아지지 않으면 무기력감과 절망감을 느낍니다. 그 결과 자기효율성과 통제감을 느끼지 못해 위축되거나 행동을 함부로 하게 됩니다.

더욱이 사춘기 자녀에게 가장 큰 역할모델은 동성 부모입니다. 딸에게는 엄마, 아들에게는 아빠가 역할모델이라는 얘기지요. 딸은 아빠에게 무시당하는 엄마를 보며 여성성에 대해 왜곡된 자아상을 가질 수 있고, 아들은 남자답게 되려면 여자에게 함부로 대해야 하고 술도 마시고 바람도 피워야 한다는 의식을 지닐 수 있습니다.

앞 사례에서 아들의 문제는 바로 그런 병든 가정환경 때문에 일어난 것입니다. 부부는 자신들의 행동이 자녀에게 미치는 영향을 깨닫고 아들을 고치려 하기보다는 먼저 부부관계의 개선부터 시작했습니다. 그러자 아들이 집으로 돌아왔고, 엄마를 향한 말씨가 부드러워졌고, 아빠에게 공손해졌습니다.

지금 그 부모는 사춘기 아들과 신뢰감, 유대감, 친밀감을 복구하는 방법에 대해 교육을 받고 있는데, 부모가 달라지니 아들뿐 아니라 딸의 표정도 밝아지고 온 집안이 화목해지고 평화로워졌다고 기뻐합니다.

건강하고 행복한 부부 사이에서 아이들의 몸과 마음이 건강하게 자랄 수 있다는 것은 과학적 연구 결과이기도 합니다. 많은 연구 결과가 있지만 그중 하나만 예로 들겠습니다. 가트맨과 그의 제자인 샤피로 박사의 공동 연구에 따르면 부부가 아기를 낳고 첫 3년 만에 관계가 매우 나빠지는 비율이 70퍼센트라고 합니다.

적대감과 스트레스가 늘고 대화 및 감정적 유대감과 친밀감도 줄어들어 이런 부부들의 아기(생후 3개월의 경우)는 사이가 원만한 30퍼센트 부부들의 아기에 비해 더 많이 울거나 보채고 쉽게 진정하지 못하며 환경의 변화에 대한 적응력이 떨어진다고 합니다.

하지만 관계가 나빠진 70퍼센트의 부부들에게 가트맨 방식의 교육을 시켰더니 놀라운 결과가 나타났습니다. 생후 6개월째 아기들이 교육을 받지 않고 관계가 나쁜 상태로 있던 비교그룹의 아기들에 비해 훨씬 잘 웃고, 진정도 잘하며, 면역력이 높아져 감염성 질병에 잘 안 걸리며, 운동, 지능, 감각, 사회성 발달이 모두 우월한 것으로 나타났습니다. 부부 사이가 좋아지니까 아기도 건강하고 행복하게 잘 자라는 것이지요.

부부관계를 회복시켜 주는 4가지 방법

부드러운 말투로 시작하라

지금까지 살펴보았듯이 외도나 경제적인 문제, 성격 차이, 혹은 자녀 문제 자체가 부부관계를 파국으로 이끄는 것이 아닙니다.

연구에 의하면, 부부가 성격이 같다고 잘사는 것도 아니고 다르다고 못사는 것도 아닙니다. 또 외향적이어야 잘살고 내향적이라고 못사는 것도 아닙니다.

문제가 생겼을 때 해결하는 방식이 무엇보다 중요합니다. 그에 따라 행복하게 사느냐, 불행하게 살다가 이혼하느냐가 달려 있습니다.

가트맨 치료법에서는 우선 부드러운 말투로 시작해야 대화를 할 수 있는 여지가 생긴다고 봅니다. 어느 쪽에서도 부드러운 말투로 말을 시작하지 않는 한 문제의 해결에는 다가갈 수 없습니다.

부부 사이가 좋든 나쁘든, 대개 70퍼센트는 아내 쪽이 먼저 문제 제기를 한다고 하니, 아내는 부드러운 말투로 비난 대신 요청을 하고, 남편은 방어하거나 담을 쌓는 대신 다가가는 대화로 약간만 수긍(인정)해 보십시오. 그리고 나서 서로를 존중하고, 호감을 쌓아가면서 진정한 대화를 나누면 행복한 결혼생활을 꾸려나갈 수 있습니다.

상대의 장점을 찾아라

호감과 존중을 쌓는 방식 가운데 대표적인 것이 상대의 장점을 찾아보는 것입니다. 배우자의 장점을 찾으라고 하면 처음에는 피식 웃으면서 한두 가지 말고는 도저히 생각이 안 난다고 합니다.

그래서 저는 내담자가 오면 그들의 장점을 눈여겨봅니다. 제가 먼저 그분들의 장점을 50가지 정도 찾은 뒤에 당신들에게 장점이 많이 있다고, 저는 벌써 봤지만 제가 보는 것보다 당사자들이 보는 것이 더 중요하다고 말해 줍니다.

배우자의 장점을 찾기 전에 자신의 장점부터 50가지 찾아서 적어보는 것이 우선입니다. 자신의 장점을 아는 사람이 다른 사람의 장점도 볼 수 있는 여유가 생기니까요.

처음에 자신의 장점이 50가지까지 생각이 안 나면 가장 큰 장점 3가지를 먼저 쓰고, 그 다음에 7가지, 10가지…… 이렇게 하다 보면 점점 생각이 납니다.

시간 여유를 주기 위해 대개는 첫 상담 후 첫 번째 과제로 집에 가서 장점 50가지를 찾아서 적어 오라고 요청합니다. 집에 가서 자신과 배우자의 장점을 50가지 적다 보면, 그동안 미웠던 마음이 점점 순하고 고마운 긍정적 정서로 변화되기 시작합니다.

그동안 속만 썩이고 미운 짓만 골라 하면서 뻔뻔하고 이기적인 것 같던 남편인데도 '잘생겼다, 호감을 준다, 강하다, 지도력이 있다, 솔직하다, 인간미가 있다, 똑똑하다, 손재주가 있다, 운전을 잘한다, 능력이 풍부하다……'와 같이 한 가지 장점이 떠오르면 거기서 연상되는 장점들이 연달아 떠오릅니다.

남편도 집에 가면서 가만히 생각해 보면 아내의 장점들이 하나 둘 떠오르기 시작합니다. '아, 그래. 가정의 평화를 위해 노력하지. 예쁘지. 현명하지. 자기 표현 잘하지. 반찬도 잘하지. 청소도 깔끔하게 하지. 돈 절약하지' 이렇게 하나하나 생각이 납니다.

처음에는 "단점을 쓰라면 5분 안에 100가지도 쓰겠다. 단점은 보이는데 장점은 안 보인다"라고 말하던 사람들이 자신과 배우자의 장점을 적는 동안 자신들이 참 귀하고 소중한 존재라는 것을 저절로 느끼게 됩니다. 그러면 관계 회복을 위해 노력하고자 하는 마음이 더욱 우러나옵니다.

그렇게 부부끼리 서로의 장점을 찾아본 다음, 나중에는 관계 회복을 하고 싶은 시부모나 자녀의 장점도 생각해서 정리하면 점차 가정의 분위기가 긍정적으로 바뀌고 온화하고 평화로워집니다.

과제를 적어 온 뒤에 '내가 생각하는 당신의 장점은……' 하고 상대에게 들려주면 정말 마술 같은 변화가 일어납니다.

'다행 일기'를 써라

자신과 상대의 장점을 찾아보는 것 외에 사고를 긍정적으로 바꿀 수 있는 좋은 방법이 '다행 일기'를 쓰는 것입니다. 이것은 가트맨 박사의 처방이 아니라, 제가 미시간공대에서 뇌과학을 가르칠 때 학생들과 긍정적 사고 습관을 들이기 위해 한 학기 동안 해봤던 연습입니다.

뇌과학자들이 실험을 했더니 우울한 사람들은 우뇌의 전전두엽이 활성화되어 있고, 행복감을 느낄 때는 좌뇌의 전전두엽이 활성화된다고 합니다. 놀랍게도 긍정적 언행을 단 2주만 매일 실행해도 좌뇌 전전두엽의 피질이 증가하고 스트레스가 낮아졌으며 행복감이 증가한다고 합니다.

그때 학생들로부터 정말 좋은 효과를 보았다는 피드백을 받고서 부부들에게도 적용하고 있습니다. 방법은 자신의 일기에 하루에 세 문장씩 적는 것입니다. 이렇게 간단하게 적어도 좋습니다.

1. 나는 ~라서 다행이다.
2. 나는 ○○이 아니라서 다행이다.
3. 나는 비록 ~지만 ○○가 아니라서 다행이다.

어려서 아버지를 일찍 여의고 어머니의 사랑을 제대로 받지 못했던 30대 부인이 있었습니다. 남편과의 사이도 좋지 않아 우울증이 심하여 자살 충동까지 생긴다고 했습니다. 하지만 그녀는 다행 일기를 쓰다 보니 우울증이 많이 호전되었다고 합니다.

평소 생각하지 못했던 많은 일들이 다행스럽게 여겨지고 고맙게 여겨지면서 자신이 참 많은 은혜와 축복 속에 살고 있다는 것을 깨달았다고 합니다. 다음은 그녀가 그동안 적어온 다행 일기의 일부입니다.

8월 4일
1. 나는 노력하는 사람이라서 다행이다.
2. 나는 이혼녀가 아니라서 다행이다.
3. 나는 비록 마음에 상처는 많지만 인생의 실패자가 아니라서 다행이다.

8월 5일
1. 나는 예쁜 딸이 있어서 다행이다.
2. 나는 계모가 아니라서 다행이다.
3. 나는 비록 딸에게 물질적으로는 잘해주지 못하지만 정성마저 없는 엄마가 아니라서 다행이다.

8월 9일

1. 나는 배우고 싶은 게 많은 사람이라 다행이다.

2. 나는 불건전한 취미생활을 하지 않아 다행이다.

3. 나는 예전엔 비록 남편과 사이가 나빴지만 요즘 점점 사이가 좋아져서 다행이다.

이렇게 긍정적이고 고마운 마음을 갖게 되면 또다른 이득이 있습니다. 미국 하트매스 연구소(HeartMath Institute)에서 16년간 연구한 바에 따르면 불행감과 원망을 갖고 짜증을 낼 때는 스트레스 호르몬이 나오지만, 감사한 마음을 가지면 DHEA라는 안정 호르몬이 나와서 마음과 몸을 편하게 해준다고 합니다.

더욱 좋은 것은 편하고 안정된 상태로 약 3분 동안 DHEA가 분비되면 그 효과가 대략 8시간 지속되는데, 그동안은 웬만한 스트레스를 감당하고 흡수할 심리적·신체적 탄력성과 회복력이 생성된다는 것입니다.

이처럼 감사한 마음을 갖는 습관을 하루에 두세 번만 실천해도 몸과 마음이 건강해지고 노화가 지연됩니다. 노화할수록 탈로미어라는 세포의 끝부분이 짧아지는데, 스트레스는 탈로미어가 짧아지는 속도를 빠르게 하지만 DHEA는 그 속도를 늦출 뿐 아니라 이미 짧아졌던 탈로미어를 회복시켜 준다는 사실이 과학적으로 밝혀졌습니다.

이런 검증된 연구에 기초하여 다행 일기를 쓰라고 권하는 것입니다. 다행 일기를 쓸 때는 전날 쓴 것과 똑같은 내용은 쓰지 말고 새로운 것을 찾아보세요. 사실 하루에도 굉장히 많은 일이 생기고, 굉장히 많은 순간들이 있지요. 다행스럽고 감사한 일이 주변에 무척 많습니다.

'슬라이딩 도어 모멘트'에서 긍정적이고 현명한 선택을 하자

〈슬라이딩 도어(Sliding Doors)〉라는 영화가 있었습니다. 런던의 지하철에서 헬렌이라는 주인공이 지하철 문이 닫히려는 순간 지하철에 올라타느냐 타지 않느냐, 어느 쪽을 선택하느냐에 따라 인생이 전혀 다른 방향으로 전개되는 것을 보여줍니다. 우리나라의 코미디 프로그램 〈인생극장〉과도 같은 얘기죠.

매순간 '우리가 이 순간을 긍정적으로 만들 것이냐, 부정적으로 만들 것이냐?' 하는 선택의 문이 열려 있습니다. 가트맨 박사는 이러한 순간을 '슬라이딩 도어 모멘트(sliding door moment)'라고 부릅니다.

가트맨 박사는 책 읽는 것을 좋아합니다. 특히 추리소설을 좋아합니다. 어느 날, '오늘 저녁은 모처럼 시간이 있으니까 빨리 저녁 먹고 씻은 뒤에 읽던 추리소설을 마저 읽어야지' 하고 생각하고 있었답니다. 그런데 이를 닦고 나오는데, 부인이 머리를 빗으면서 한숨을 쉬더랍니다.

순간 그 소리를 못 들은 척하고 침대로 가서 책을 읽을 것이냐, 아니면 "무슨 일이 있어?" 하면서 감정코칭을 할 것이냐를 놓고 고민에 빠졌습니다. 이때 이 둘 사이에서 결정을 하는 순간이 바로 슬라이딩 도어 모멘트입니다.

관계의 달인인 가트맨 박사는 아내의 한숨에서 아내가 무언가 자신에게 말걸기를 시도하려 한다는 단서를 느꼈습니다. 대부분의 말걸기 속에는 어떤 욕구가 있다는 것도 알았습니다.

하지만 그런 그도 그 순간 갈등을 한 것입니다. 이런 경우에 사실 갈등을 하지 않는 사람들도 많습니다. 보통은 상대의 그런 모습이 아예 보이지도 않고 들리지도 않지요. 아니면 들어도 귀찮으니까 모른 체하는 게 상책이라고 슬그머니 상대의 시야에서 사라지기도 합니다. 그런 부부들은 감정적인 단절을 일으킬 확률이 높지요.

그런데 가트맨 박사는 '추리소설을 마저 읽어서 사건이 어떻게 해결되는가를 볼 것이냐, 아니면 부인이 한숨을 쉰 사연을 들어줄 것이냐?' 하고 잠시 갈등하다가 후자를 선택하고선 아내와 대화를 나누었다고 합니다.

그러자 부인이 돌아서서 "요즘 슬프고 힘든 일이 있는데, 고마워. 내가 힘들 때 내 고통을 얘기할 사람은 당신밖에 없어. 정말 사랑해"라고 말했다고 합니다.

만일 그 순간 못 들은 척하고 책을 읽었다면 부인은 마음속으로 섭섭한 감정이 쌓였겠죠. 어쩌면 그날 밤뿐 아니라 다음 날도 가트맨 박사는 추리소설을 읽기는커녕 부인과 언쟁을 하거나 냉전을 치르느라 더 많은 에너지를 탕진했을 수도 있습니다.

이런 순간이 항상 누구에게나 있습니다. 그것을 의식하느냐 의식하지 않느냐에 따라 관계는 달라지고, 의식을 했을 때 어떤 선택을 하느냐에 따라 관계가, 나아가 인생행로가 달라지는 것입니다.

Summary

관계를 망치는 네 가지 지름길과 해독제

 비난

"당신은 어떻게 된 사람이······."
"당신은 도대체 왜 일을 이따위로 해?"
"당신은 항상 그렇지!"
"만날 술이나 마시고 들어오고!"
⇒ 해독제 : 비난하는 대신 '나 전달법'으로 구체적인 요청을 한다.

 방어

"그러는 당신은 뭘 잘했는데?"
"이게 당신 탓이지 내 탓이야?"
"당신도 그러잖아. 당신은 안 그랬어?"
"왜 나만 잘못했다고 그래?"
⇒ 해독제 : 방어하는 대신 부분적으로 약간 인정한다.

 경멸

"어쭈~"
"이 새대가리야!"
"주제 파악이나 하시지!"
"흥! 꼴에 잘난 척은!"
⇒ 해독제 : 경멸하지 말고 호감과 존중을 쌓는다.

담쌓기

'어휴 지겨워. 또 시작이군…….'
'그래, 혼자 실컷 떠들어라.'
'이럴 땐 그저 피하는 게 상책이라니까…….'
⇒ **해독제** : 먼저 마음을 진정한 후 부드럽게 대화한다.

부부관계를 회복시켜 주는 4가지 방법

- 부드러운 말투로 시작한다.
- 상대의 장점을 찾는다.
- '다행 일기'를 쓴다.
- '슬라이딩 도어 모멘트'에서 현명한 선택을 한다.

Summary

EXERCISE

 관계를 망치는 네 가지 지름길 중
당신은 어떤 방식을 자주 사용하나요?

(가트맨 정밀검사 간략형에서 발췌)

1. 배우자는 불평할 때 '당신은 항상' '절대'라는 말투를 쓴다.
   그렇다 ☐   아니다 ☐
2. 배우자는 매우 이기적이고 자기중심적일 때가 있다.
   그렇다 ☐   아니다 ☐
3. 배우자는 합리적이고 조리 있게 생각하지 못한다.
   그렇다 ☐   아니다 ☐
4. 나는 우리 문제로 인해 비난을 자주 받는다.
   그렇다 ☐   아니다 ☐
5. 배우자가 나한테 퍼붓는 비난이 적절하지 않다고 생각한다.
   그렇다 ☐   아니다 ☐
6. 배우자가 내 잘못이라고 하는 걸 난 인정하지 않는다.
   그렇다 ☐   아니다 ☐
7. 내가 혐의를 받고 있는 많은 일들에 대해 사실 난 죄가 없다.
   그렇다 ☐   아니다 ☐
8. 배우자가 거론하는 문제는 내 잘못이 아니다.
   그렇다 ☐   아니다 ☐

9. 배우자는 문제를 책임감 있고 어른스럽게 대하지 못한다.

    그렇다 □   아니다 □

10. 기본적 문제에 있어 배우자의 입장에 별로 존중감이 안 든다.

    그렇다 □   아니다 □

11. 배우자의 어떤 태도와 행동에는 혐오감을 느낀다.

    그렇다 □   아니다 □

12. 나는 종종 화를 가라앉히기 위해 침묵한다.

    그렇다 □   아니다 □

1~3번에 '그렇다' 라고 답했으면 비난의 독을 사용하는 것입니다.
4~8번에 '그렇다' 라고 답했으면 방어의 독을 사용하는 것입니다.
9~11번에 '그렇다' 라고 답했으면 경멸의 독을 사용하는 것입니다.
12번에 '그렇다' 라고 답했으면 담쌓기의 독을 사용하는 것입니다.

Part **02**

매일, 조금씩, 사랑을 표현하라

Chapter 05

사랑의 지도 그리기

이 장부터는 행복한 부부가 되기 위해서, 행복한 가정을 만들기 위해서 어떻게 해야 하는지 그 방법을 본격적으로 살펴볼 것입니다. 망가지고 병들어 있는 관계를 하나씩 단계별로 보수하는 방법을 알려드리겠습니다.

'행복한 관계의 집(Sound Relationship House)'이란, 건전하고 탄탄한 관계를 이루기 위한 7가지 기본 원칙을 가트맨 박사가 집에 빗대어 만든 용어입니다.

초기에는 '행복한 결혼의 집(Sound Marital House)'이라고 했는데, 미국에 워낙 동거, 이혼, 재혼, 동성애 같은 다양한 결혼 형태가 생기자 '결혼'보다 훨씬 포괄적인 '관계(Relationship)'라는 단어로 변경했습니다.

이 '관계'에는 부모와 자녀의 관계도 포함될 수 있습니다. 이 7가지 원칙은 자녀와의 관계를 건강하고 행복하게 하는 데도 적용할 수 있기 때문이지요. 따라서 저는 이를 '행복한 관계의 집' 모델이라고 통칭합니다.

다음 페이지의 도표는 가트맨 박사가 생각하는 '행복한 집'을 만들기 위한 리모델링 단계입니다.

이 7단계를 처음 보면 복잡하고 어려워 보입니다. 저도 이것을 처음

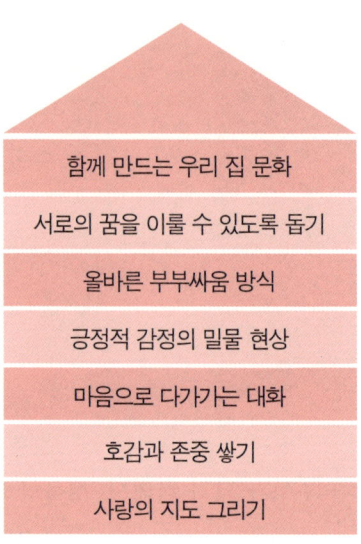

보았을 때는 '사랑의 지도'나 '긍정적 감정의 밀물 현상' 등 낯선 표현들도 있고, 우리나라 실정에도 적용할 수 있는 것인지 의구심도 들었습니다.

그러나 내용을 이해하고 보니 무척 적절한 표현들임을 알 수 있었고, 적용해 본 결과 우리나라 부부들에게도 아주 잘 맞는 방식임을 확인할 수 있었습니다.

사랑의 지도(Love Map)를 그리고, 호감과 존중을 쌓으며, 다가가는 대화를 하고, 긍정적 감정의 밀물 현상이 되는 것까지가 행복한 부부, 행복한 가정이 되기 위해 우선적으로 실천해야 할 4가지입니다.

그 첫 번째인 '사랑의 지도'부터 살펴보겠습니다.

사랑의 지도란?

미팅이나 소개팅을 나가면 우선 하는 것이 상대에게 '취미가 뭐예요?' '어떤 음악 좋아하세요?' '무슨 영화 좋아하세요?' '어떤 음식 좋아하세요?' 등을 묻는 것입니다.

이렇게 상대가 어떤 사람인지를 아는 것이 바로 관계의 시작이고 관계의 기초이기 때문이지요.

이처럼 서로를 얼마나 잘 아는가를 보여주는 것이 바로 사랑의 지도입니다. 사랑의 지도란 가트맨 박사가 만든 용어로서 '서로에 대해서 얼마나 잘 아는가'를 보여주는 지도입니다. 다시 말해서 '서로의 내면세계에 대한 인식의 영역'이며 관계의 기초입니다.

단순하게는 상대의 가장 친한 친구, 가장 좋아하는 음식, 좋아하는 가수나 노래, 좋아하는 색깔, 취미 등이 있습니다. 좀더 깊이 들어가면 어릴 때 가장 자랑스러웠던 일, 가장 수치스러웠던 일, 가장 두려워하는 대상, 힘들 때 가서 쉬고 싶은 장소, 앞으로 5년 안에 꼭 이루고 싶은 꿈, 요즘 가장 스트레스 받는 일, 가장 가보고 싶은 여행지 등도 포함될 수 있습니다. 그 소재는 무궁무진합니다.

그런데 부부는 처음 만난 사이도 아닐뿐더러, 함께 산 지 몇 년 몇십 년이 지났는데도 상대가 어떤 사람인지 알지 못하고, 알려고 하지도 않는 경우가 적지 않습니다.

아무리 훌륭한 문화재나 예술품도 '아는 만큼 보이고, 보이는 만큼 즐길 수 있다'라고 말하듯이, 관계에 있어서도 아는 만큼 좋아지고 이해가 되고 가깝게 느껴집니다.

예를 들어 이런 경우가 있습니다. 밖에는 벚꽃이 피고 봄바람이 살랑살랑 불어서 아내는 주말에 어디든 가고 싶어 합니다. 그러나 남편은 방에서 TV만 봅니다. 아내가 보기에 남편은 '도대체 어떻게 된 사람이 비가 오는지 눈이 오는지 바람이 부는지 꽃이 피는지도 모르고 TV만 보나' 하고 못마땅할 것입니다.

하지만 서로의 내면세계로 들어가서 대화를 해보면 서로를 이해할 수 있습니다.

이 부부의 경우, '당신이 가장 힘들 때 쉬고 싶은 곳이 어디인가? 마음의 고향이 어디인가?' 하는 질문에 아내는 '바닷가, 고향집, 할머니, 외갓집'이라고 답한 반면, 남편은 'TV에서 스포츠나 영화를 볼 때 만사를 잊을 수 있고 아무 근심 없이 편안하다'라고 답했습니다.

그런 사실을 몰랐기 때문에 아내는 남편을 이해할 수 없었던 것입니다. 전에는 집에만 있자는 남편이 아내의 취향이나 욕구를 무시하는 것 같아서 섭섭하고 슬펐습니다. 하지만 이제 남편의 내면세계를 알고 나니 남편이 가장 편하게 쉬는 방법과 자신이 쉬는 방법이 차이가 있다는 것을 깨닫게 된 것입니다.

따라서 집에서 텔레비전을 보는 남편의 행동을 사적인 감정으로 받아들이지 않고 편하게 수용할 수 있게 되었습니다. 이것이 사랑의 지도를 알고 모르고의 차이입니다.

재미있는 예가 하나 있습니다. 어떤 부부가 있는데 아내가 제일 싫어하는 동물이 쥐였습니다. 그런데 남편은 그런 사실을 모르고 있었습니다. 그래서 아내의 생일에, 그것도 결혼한 지 20년 만에 생일카드를 줬는데, 다름 아닌 쥐 두 마리가 꼬리를 서로 감고 있는 그림의 카드였습니다.

아내는 그 카드를 받는 순간 어떤 기분이 들었을까요? '이 사람이 날 놀리나? 내가 평소에 그렇게 쥐를 싫어하는데 하필이면 이런 카드를 선물하다니……' 남편은 알지 못했던 것입니다. 어쩌면 알려고 노력하지도 않았을 것입니다.

부부치료 워크숍을 진행하는 중에, 특히 사랑의 지도 그리기 순서가 되면 당황스러운 경우나 웃을 일이 많이 벌어집니다.

이를 테면 남편에게 "아내가 좋아하는 색이 무엇인지 아세요?" 하고 물어보면 "빨강!"이라고 대답하지만, 아내는 "전 파스텔톤의 연두색을 좋아합니다" 하고 전혀 다른 자신의 취향을 말합니다.

반대로 "요새 남편이 가장 좋아하는 텔레비전 프로그램은 무엇입니까?" 하고 물어봤더니 대답을 잘 못하는 아내도 있었습니다. 서로 이렇게 무관심했구나 하는 것을 발견한 부부들의 표정을 보면 어색함이나 당황스러움이 역력합니다.

하지만 상대에 대해서 한번 알아맞히면 서로 어린아이들처럼 좋아하고, 또 답을 맞힐지 어떨지 기대감에 차서 다음 질문을 듣곤 합니다. 그 모습에서 이미 관계가 회복 방향으로 각도를 틀기 시작했다는 게 보입니다.

이처럼 사랑의 지도는 이미 형성되어 있는 관계 속에서도 끊임없이 상대에 대해 관심을 기울이고 알려고 하는 노력이 필요하다는 사실을 보여줍니다.

아이들과의 관계 역시 마찬가지입니다. 바깥일로 바쁜 아빠들은 오늘도 자녀들의 미래를 위해서 땀흘려 일한다고 합니다. 하지만 막상 "따님이 몇 학년 몇 반인가요?" 하고 물어보면 대답을 못하는 경우가 많습니다.

아이들 뒷바라지를 하느라 하루 종일 함께 지내는 엄마들도 예외는 아닙니다. 막상 엄마들에게 아이와 가장 친한 친구가 누군지 아느냐고 물어보면 모르는 경우가 많습니다. 가장 좋아하는 색이 무엇인지, 어떤 영화를 제일 재미있게 봤는지, 어떤 선생님을 좋아하는지 등도 잘 모릅니다.

아무것도 모르면서 '공부해라' '방 치워라' '떠들지 마라' '컴퓨터 그만해라'라고 하면 아이와 제대로 된 관계를 형성할 수가 없습니다. 자녀와의 관계에서도 사랑의 지도를 그리는 게 중요합니다.

관계의 기초는 서로의 내면을 아는 것이다

이혼하기 일보 직전일 정도로 사이가 너무 나빠도, 폭력이나 외도처럼 심각한 문제가 있는 경우에도, 관계 회복을 시작할 때는 사랑의 지도 그리기부터 합니다.

처음에 관계가 심각한 상태에서 사랑의 지도를 그려보라고 하면 무척 어색해 합니다. 서로를 쳐다보지도 않습니다.

그런데 아내에게 "남편분의 가장 친한 친구 이름 두 명쯤 댈 수 있으세요?" 하고 물으면 "누구더라, 그…… 당신 어릴 때 고향 친구" 하고 말하기 시작합니다.

그러면 남편 표정이 밝아집니다. 그리고 "아내가 제일 좋아하는 음식이 뭔지 아세요?" 하고 남편에게 물었을 때 "이 사람 매운 것 좋아하는

데?"라고 말하면서 답을 맞히면 아내의 표정이 달라집니다.

두 번째로 "처음 데이트 때 입었던 옷 기억나세요?" 하고 묻습니다. 그러면 대개는 "그때…… 음…… 잘 기억이 안 나는데……" 그러면서 기억을 더듬습니다. 그리고 "무슨 티셔츠 같은 것 입지 않았나?" 하고 반문하면 "티셔츠가 아니라 블라우스 입었어" 하면서 대화가 됩니다.

좋아하는 가수나 탤런트를 물으면 답을 맞혀도 웃고 틀려도 웃습니다. 그런 질문이 유치하게 느껴지면서도 재미있거든요. 유치할수록 왠지 한층 가까워진 느낌도 들고요.

그러면서 자신들이 치료를 받고 있다는 사실을 잊어버립니다. 서로를 발견하기에도 바쁜 것이죠.

남편의 의처증 때문에 이혼을 하겠다고 하던 60대 부부가 있었습니다. 한 TV 프로그램에 출연했던 이 부부는 남편이 부인을 의심해 일거수일투족을 감시하면서 걸핏하면 "당신 지금 누구 만나고 왔어?"라고 따져 묻는다고 했습니다. 그래서 부인이 남편을 데리고 정신과에 가서 약을 처방받았습니다. 그런데 그 약은 부작용이 굉장히 심했습니다.

약의 부작용으로 일상생활도 힘들어지니 약을 끊을까 말까 고민하던 상황에서 상담치료를 시작했습니다. 처음에 검사를 해보니 부인은 남편에 대해서 사랑의 지도 점수가 100점이었습니다. 그런데 남편은 0점이었습니다. 부인에 대해서 아는 게 아무것도 없었던 것이죠.

남편에게 "부인이 제일 좋아하는 음식이 뭔 줄 아세요?" 하고 물었더니 "몰라. 이 사람 아무거나 잘 먹던데" 하고 대답합니다. 그래서 부인에게 다시 물었더니 "나는 멸치국물에 국수 말아먹는 것을 제일 좋아해"라고 말하면서 "이 사람은 어디 가도 곰탕이라든지 설렁탕이라든지 자기 먹고 싶은 것만 먹으면 끝이야. 내가 뭘 좋아하는지, 무엇을 먹고 싶어 하는지 물어보는 적이 없어" 하면서 화를 냈습니다.

그날 부인이 분홍색에 노란색과 연두색의 화사한 꽃무늬가 있는 블라우스를 입고 왔는데, 남편에게 "아내가 제일 좋아하는 색이 뭔지 아세요?" 하고 묻자 "몰라. 이 사람 만날 우중충한 것만 입던데?" 하는 겁니다.

그랬더니 부인의 얼굴색이 변하더군요. 그리고 무슨 색을 제일 좋아하느냐고 다시 묻자 눈물을 뚝뚝 떨구면서 "나는 분홍색 좋아한다"라고 대답했습니다.

사실 그 부인이 TV에 출연한 이유는 관계를 개선하기 위해서가 아니라 이혼을 정당화하기 위해서였습니다. 할아버지가 폭력을 행사하는 것도 아니고, 외도를 하는 것도 아니기 때문에 자식들에게 헤어지는 데 대한 그럴 듯한 이유가 필요했던 겁니다.

TV에 나와서 할아버지가 얼마나 문제가 있는지를 확실하게 인정받은 다음 이혼을 하려고 했던 것이죠.

이 부부는 결혼한 지 40년이 되었는데, 남편은 4대 독자로 자기 먹고 싶은 것만 먹고, 하고 싶은 것만 하고, 자기밖에 모르는 사람이라고 부인은 불평했습니다. 지금까지는 자식들 때문에 참고 살았지만 부인도 이제는 단 1년을 살더라도 하고 싶은 것 하고, 먹고 싶은 것 먹고, 따뜻하게 사랑받고 사랑도 하고 그러다가 죽고 싶다고 했습니다.

40년 넘게 그렇게 살아왔으니 당장 이혼하나 한 달 뒤에 이혼하나 큰 차이는 없지 않겠느냐며 저는 이혼을 한 달만 보류하자고 했습니다. 한 달이 지나도 남편이 변하지 않는다면 그때 이혼을 해도 되지 않겠느냐고 물었습니다.

할아버지에게 사태의 심각성을 얘기하고 "지금 이 상태로 가면 이혼을 하시게 될 텐데, 이혼하고 싶으세요?"라고 묻자 "절대 안 되지. 우리가 살면 얼마나 산다고. 자식들 있는데 이 나이에 이혼해서 어떻게 해"라며 펄쩍 뛰었습니다.

"그러면 제가 이혼하시지 않을 수 있도록 도와드릴게요. 단, 숙제를 내겠습니다. 오늘부터 한 달 동안 아침에 눈뜨시면 '내가 오늘 아내를 위해서 무엇을 할 것인가'를 하루에 한 가지만 생각해 보세요. 그리고 오늘부터 잘 관찰해 보세요. 할머니가 무슨 노래를 좋아하고, 친구는 누구를 좋아하며, 무슨 색을 좋아하는지, 무슨 음식을 좋아하는지, 누구와 같이 있을 때 제일 편안해 하는지 잘 관찰해 보세요"라고 말했습니다. 즉, 사랑의 지도를 그리게 한 것입니다.

할아버지는 의처증 때문에 아침부터 저녁까지 할머니만 쳐다보는데도 정작 할머니에 대해서는 제대로 아는 것이 없었습니다. 그래서 "할머니가 멸치국수 좋아하신다니까 같이 가서 먹자고도 하시고, 새우깡이든 뭐든 할머니가 좋아하는 과자도 사주시고, 아침에 일어나면 좋아하는 TV도 틀어드리세요"라고 당부했습니다.

그것을 실천하고 얼마 지나지 않아 이 부부는 사이가 정말 좋아졌습니다. 당연히 이혼은 생각도 안 합니다. '왜 지금까지는 이렇게 살지 않았나?'라며 무척 안타까워합니다. 2주 후 할머니에게 전화를 해서 "요새 어떠세요?" 하고 묻자 할아버지가 아주 잘해준다며 기뻐하셨습니다. 그리고 할아버지에게 "할머니 요즘 어떠세요?"라고 물었더니 "요새는 말도 나긋나긋하게 하고 아주 좋다"라고 하시더군요.

그만큼 서로의 내면을 아는 것이야말로 행복한 관계를 형성하는 기초가 됩니다.

사랑의 지도를 그릴 때 주의사항

부드러운 분위기를 만든다

사랑의 지도 그리기는 처음에는 유치하게 느껴질 수 있지만, 하고 보면 누구라도 그 효과를 느낄 수 있습니다. 단, 서먹하고 대화가 안 되는 상황에서는 사랑의 지도 그리기가 쉽지 않으므로 준비 작업을 해서 부드러운 분위기를 만든 다음에 하는 것이 좋습니다.

느닷없이 "당신 가장 좋아하는 친구가 누구야?"라고 물으면 당황한 상대는 "그건 알아서 뭐해?"라고 대답할 수 있기 때문이지요. 또는 괜히 이실직고했다가 나중에 골치 아픈 일이 생기는 건 아닐까 하고 불신을 품을 수도 있습니다. 그러면 대화가 안 되겠지요.

그래서 저는 상담을 받으러 온 부부들에게 '사랑의 지도'란 서로에 대해 알아가는 것이라고 간단히 소개한 후, 두 단계로 진행하겠다고 말합니다. 첫 번째 단계에서는 한 사람씩 번갈아가면서 묻습니다. 예를 들어 남편에게 "아내가 가장 좋아하는 친구 두 분의 성함을 아세요?" 이어서 아내에게도 "남편과 가장 친한 친구 두 명의 성함을 아세요?"라고 물은 뒤 혹시 못 맞힌다면 가능한 한 서로의 생활 주변에 대해 좀더 폭넓게 생각해 볼 수 있도록 도와줍니다.

이런 식으로 3~4가지를 계속 하다 보면 두 사람이 재미를 느끼게 됩니다. 이때쯤 두 번째 단계로 들어갑니다. 이번에는 저는 빠지고 두 사람이 직접 해봅니다.

처음에는 각 질문을 직접적으로 묻기보다 '추측 게임'식으로 "내 생각에 당신이 가장 좋아하는 색깔은 ○○색인 것 같은데 맞아?"라고 묻는 게 좋습니다. 이미 여러 번 강조했듯이 관계에 있어서는 내용도 중요하지만 그 전달 과정이 무척 중요합니다.

'열린 질문'을 한다

상대의 내면세계를 알려면 무엇보다 열린 질문을 해야 합니다.

"할머니, 무슨 색깔을 좋아하세요?" 이것이 열린 질문입니다. "할머니, 빨간색 좋아하시죠?" 이렇게 '네, 아니오'로 답을 유도하는 것은 닫힌 질문입니다. 예를 들어 "할머니, 고기 좋아하세요?"라고 물었을 때 "아뇨" 하면 대화가 금세 끝나버리니까요.

"어떤 음식을 제일 좋아해요?" "요즘 제일 자주 만나는 친구가 누구예요?" "요즘 고민거리가 뭐예요?" 이런 질문들처럼 '어떤' '무슨' '누가' '누구와' '언제' '어디서'를 묻는 것이 열린 질문입니다.

열린 질문의 예를 몇 가지 더 들어보겠습니다.

"올해 생일 선물로 가장 받고 싶은 것은 '무엇'인가요?"

"하루 중에 가장 에너지가 떨어지는 때는 '언제'인가요?"

"당신의 가장 큰 경쟁자(또는 싫어하는 사람)는 '누구'인가요?"

"여행을 간다면 '누구와' 함께 가고 싶은가요?"

민감한 질문은 피한다

사랑의 지도 그리기를 할 때, 특히 초반에는 너무 민감한 질문은 하지 않는 게 좋습니다. 예를 들어 '처음 사귀었던 사람은?' '양가 친척 중 가장 싫어하는 사람은?' 같은 질문은 바람직하지 않습니다. 오히려 그것이 불씨가 되어 좋지 않은 기억이 떠오른다거나 후에 갈등의 소지가 될 수 있기 때문이지요.

상대에게 상처가 되는 일이나 상대가 부끄러워하는 일, 단점, 오랫동안 앓아온 갈등, 서로의 관계에 오히려 갈등의 소지가 될 만한 질문은 가급적 피합니다.

특히 외도로 인한 상처가 있는 부부가 서로에게 "여행을 간다면 누구와 함께 가장 가고 싶은가요?"라든가 "이제까지 받았던 최고의 선물은?" 같은 질문을 하게 되면 상처를 일깨워주게 되므로 가급적 피하는 게 좋습니다.

상대와 경쟁하거나, 모른다고 핀잔을 주지 않는다

사랑의 지도를 그리다가 다툼이 일어나는 경우도 종종 있습니다. 예를 들어 "당신이 좋아하는 게 ○○인 것 같은데, 맞아요?"라고 물었을 때 "몰라"라고 답하거나, 계속해서 상대가 틀리면 화가 날 수 있습니다.

현재 외도가 진행 중이거나 이혼 숙려기간을 채우기 위해 찾아온 부부 중 그런 이들이 있습니다. 이럴 때는 사랑의 지도 그리기를 하는 이유가 관계 회복이 목적인지, (아니면) 다른 목적이 있는 것은 아닌지 반드시 확인해 봐야 합니다.

사랑의 지도를 그릴 때 제일 중요한 것은 누가 더 많이 아는지 경쟁하지 않는 것입니다. 그리고 모른다고 해서 핀잔을 주거나 비웃지 않는 것입니다.

아무리 상대가 질문에 정확한 답을 못한다고 해도 "그것도 몰라? 이제 보니까 완전 헛살았네" 같은 식으로 반응하면 안 됩니다. 어린아이의 마음으로 서로를 알아가는 것 자체를 즐기면서 해야 합니다. 예를 들어 남편이 "몰라, 몰라" 하고 대답해도 "정말 모르겠어? 그러면 내가 힌트

줘볼까?" 하는 식으로 이야기를 이어가면 됩니다. 그러면 서로 더 가까워지고 애틋하고 돌봐주고 싶은 마음도 들고, 때로는 배우자가 어떤 일에 대해 왜 그토록 싫어했는지 이해가 됩니다.

토를 달거나 비아냥거리지 않는다

지금까지 가장 창피했던 일이 무엇이었는지 물었는데 상대가 "난 창피한 일 같은 건 없었는데" 하고 대답하더라도 그냥 받아들이는 게 좋습니다.

"정말 창피한 일 없었어? 아이고, 잘났다" 이렇게 토를 달아서 비아냥거리면 안 됩니다. 그냥 넘어가도 되고, "그래도 잘 생각해 보면 아마 있을걸" 하고 몇 차례 더 물어도 됩니다.

단, 이때 말투를 조심해야 합니다. 이렇게 사랑의 지도 그리기를 무리 없이 진행하게 되면 "아, 맞아. 나 여섯 살 때까지 소변 못 가렸어" 아니면 "나 말 더듬었거든" 이런 얘기가 나오면서 서로의 약점과 강점을 많이 알 수 있게 됩니다.

꾸준히 한다

사랑의 지도 그리기는 한 번만 하면 되는 게 아니고 지속적으로 해야 합니다.

'사랑한다'는 소리를 전혀 안 하고 사는 사람들도 있습니다. 제가 아는 사람 중에도 사랑한다는 소리를 하기는커녕 사이도 별로 안 좋고 서로에게 관심도 없는 부부가 있었습니다. 그 남편에게 "부인을 사랑하세요?"라고 물었더니 "그럼요, 사랑하죠"라고 말하더군요. 그래서 "사랑한다는 말은 해보신 지 얼마나 되었어요?"라고 했더니 "예식장에서 한 번 했으면 됐지, 만날 사랑한다는 말만 하면서 사나요?" 하고 반문했습니다.

사랑의 지도는 계속적으로 업데이트를 해야 합니다. 네비게이션도 수시로 바뀌는 도로 사정을 파악하기 위해 끊임없이 업데이트를 해야 하듯, 우리의 생각이나 취향, 내면세계도 계속해서 달라지기 때문에 대화를 자주 하고 지속적으로 관심을 가져야 합니다.

예를 들어 예전에는 고기를 아주 좋아하던 사람이 최근에는 과일이나 채소를 더 좋아할 수도 있고, 친구관계도 변할 수 있습니다.

사랑의 표현은 지속적으로 해야 하고, 사랑의 지도 그리기도 계속 해야 합니다. 그렇지 않으면 관계가 시들어가고, 병들고, 사망 위기에 처할 수 있습니다.

친밀감을 높여주는 추측 게임

사랑의 지도 그리기를 놀이처럼 웃으면서 할 수 있는 게임이 있습니다. '추측 게임(guessing game)'이라는 것인데, 말 그대로 상대에 대해 추측해 보는 겁니다. 단, 누가 누구를 더 많이 아는지 경쟁하고 비교하는 것이 아니라 편한 마음으로 해야 합니다.

아내 : 내 생각에 당신의 가장 친한 친구는 A와 B인 것 같은데, 맞아?
남편 : B는 맞는데, A는 아니야.
아내 : 그럼 A 말고 또 누구야?

남편 : C야.

남편 : 내 생각에 요즘 당신의 가장 큰 고민은 승진 문제인 것 같은데, 맞아?
아내 : 아니야.
남편 : 그럼 뭐야?
아내 : 승진보다는 아이들 학교 보내는 게 더 고민돼.

추측 게임을 하다 보면 상대에 대해서 많이 알게 되고 그 만큼 가까워질 수 있습니다. 상대가 어떤 사람인지 보이기 시작합니다. 어떠한 주제로든 상대에 대해 물어볼 수 있습니다.

서로에 대해서 많이 알게 되면, 그만큼 해줄 수 있는 일도 많아집니다. 얼마 전에 미국에 다녀왔는데, 공항으로 마중 나온 남편이 집으로 돌아가는 차 안에서 제가 학창시절에 가장 좋아했던 음악을 찾아서 틀어주더군요. 무척이나 감동적이었습니다. 만일 제가 좋아하는 음악이 아니라 남편이 좋아하는 음악만 틀었다면 그리 큰 감동을 느끼지는 못했을 겁니다.

사랑의 지도를 그려서 상대의 내면세계를 아는 것은 관계 형성의 기초이면서 서로에게 신뢰감이 쌓이느냐 안 쌓이느냐, 친밀감이 생기느냐 안 생기느냐 하는 중요한 문제의 바탕이 됩니다.

시작은 작아도 그것이 지속되면 아주 큰 결과를 가져옵니다.

Summary

🍂 사랑의 지도란?
- 사랑의 지도는 서로에 대해 얼마나 알고 있는가를 보여주는 것이다.
- 사랑의 지도는 관계의 기초이자 신뢰와 친밀감의 기본이다.

🍂 사랑의 지도를 그릴 때 이야기할 수 있는 주제
- 배우자의 친한 친구
- 좋아하는 것, 싫어하는 것
- 두려워하는 것
- 자랑스러워하는 것
- 수치스러워하는 것
- 이루고 싶은 꿈
- 걱정거리
- 스트레스 받는 일
- 여가를 보내고 싶은 방법

🍂 사랑의 지도를 그릴 때 주의사항
- 부드러운 분위기를 만든다.
- 열린 질문을 한다.
- 상대에게 민감한 질문은 피한다.
- 경쟁하지 않는다.
- 토를 달거나 비아냥거리지 않는다.
- 지속적으로 한다.

EXERCISE

 사랑의 지도 그리기

당신은 배우자의 마음을 얼마나 알고 있습니까? 다음 질문들에 대답하면서 각자 사랑의 지도가 어느 정도 정밀한지 느껴보시기 바랍니다. 추측 게임 형태로 응용하여 각 질문을 상대 배우자에게 해도 좋습니다.

1. 배우자의 가장 친한 친구 이름은?
2. 배우자가 양가 친척 중 가장 좋아하는 사람은?
3. 배우자가 가장 좋아하는 음식은?
4. 배우자가 가장 즐겨보는 TV 프로그램은?
5. 배우자가 가장 감명 깊게 보았던 영화나 소설은?
6. 배우자가 가장 존경하는 사람은?
7. 배우자가 요즘 가장 스트레스를 받고 있는 일은?
8. 배우자가 가장 두려워하는 일(사람)은?
9. 배우자가 어릴 때 가장 자랑(수치)스러웠던 기억은?
10. 배우자에게 최근 일어난 중요한 사건은?
11. 배우자가 앞으로 5년 안에 꼭 이루고 싶어하는 꿈은?

Chapter 06

서로에 대한 호감과 존중 쌓기

 오늘 혹시 이를 닦으셨나요? 하루에 단 한 번이라도 이를 닦지 않는다면 악취가 나고, 오래되면 이가 썩고 결국 이를 뽑게 됩니다. 부부치료에 웬 이닦기 이야기냐고요?

 가트맨 박사가 부부관계를 '이닦기'에 비유한 내용이 매우 적절하다고 생각해서 말씀 드리는 것입니다. 가트맨 박사의 비유는 이렇습니다.

 음식을 먹고 나면 이 사이에 찌꺼기가 낍니다. 그때 양치질을 하지 않으면 박테리아가 번식하기 안성맞춤인 온도와 습도를 지닌 입 안에서 박테리아가 넘쳐나게 됩니다. 슬슬 악취를 풍기기 시작하고 그냥 놔두면 썩어서 치통을 일으키다가 결국 이가 빠지게 됩니다.

 가트맨 박사가 부부들이 나누는 관계의 상호작용을 100분의 1초라는 미세한 시간단위로 관찰해 보니, 부부 사이에 끊임없는 감정의 교류가 일어나는 것을 확인할 수 있었습니다. 이때 감정의 찌꺼기가 남아 있게 될 경우 부부나 결혼이라는 조건하에 부패하기 십상이라는 것을 알게 되었습니다.

 부부 사이에서는 다른 사람에게는 보이지 않을 깊은 감정까지 보입니다. 남들에게는 예의를 차릴 수 있는 상황에서도 부부니까 함부로 대해

버리는 경우가 많습니다. 그렇게 감정의 찌꺼기가 쌓이다가 부패되어 비난, 방어, 경멸 등의 말로 나옵니다.

이것은 관계가 병들어간다는 신호인데, 이를 무시한 채 놔두면 관계가 고통스러워지고 심할 경우 이혼까지 하게 됩니다. 그러므로 이혼은 '관계의 사망'이라 할 수 있습니다.

가트맨 박사는 감정의 찌꺼기를 제거하는 방법은 하루에 3번 이를 닦듯이 호감과 존중을 자주 표현하는 것이라고 말합니다.

실제로 관계의 달인들은 '습관적'으로 호감과 존중을 자주 느끼고 감사와 배려를 끊임없이 표현합니다. 반대로 관계의 폭탄들은 '습관적'으로 비난, 방어, 경멸, 담쌓기를 합니다. 건강한 이를 위해서 누구나 이를 닦듯이, 남녀노소 불문하고 호감과 존중은 건강한 관계의 필수입니다.

부부생활에 불만을 갖고 있던 아내에게 "정말 웃기는 사람이네. 복에 겨웠어. 정신병자 아니야?" 하고 말하는 남편이 있었습니다. 그 남편의 부모는 평생을 싸우며 살다가 환갑 무렵부터 별거하고 있었습니다. 그 남자는 부부싸움을 할 때면 늘 "관두자, 관둬!" "그만둬. 됐어!"라고 말합니다. 자기 부모처럼 평생 싸우다 결국 헤어질 거면 무엇 하러 힘 빠지게 싸우느냐는 거였습니다. 관계가 더 나빠지기 전에 헤어지자는 것이었죠.

반면에 아내는 굉장히 사이가 좋은 부모님 밑에서 자랐습니다. 그러니 당연히 '부부라면 이 정도는 돼야지'라고 결혼과 부부에 대한 기준이 굉장히 높았습니다. 그러나 관계에 대한 남편의 기준은 굉장히 낮은 상태였죠. "우리가 만날 싸우고 지지고 볶는 것도 아니고 적어도 내가 때리지는 않잖아. 게다가 내가 나가서 돈은 꼬박꼬박 벌어오잖아. 그렇다고 외도를 하길 해?"라고 반문하기 일쑤였습니다.

남편의 기준은 20이고, 아내의 기준은 80인 것입니다. 아내는 부부생활이 힘들어서 못 견디겠다고 하는데 남편은 "야! 이 정도면 됐지. 정말 복에 겨웠어!"라고 말합니다.

서로를 존중하지 않고 욕설만 일삼던 부모 밑에서 자랐기 때문에 이 사람으로서는 아내에게 다정하게 대하고 존중하는 것은 상상도 할 수 없는 일이었습니다. '야!' '너' 하고 말하는 것이 자연스런 일이었지요. 하지만 부인에게는 이런 말이 모두 경멸로 다가왔습니다.

이혼으로 가는 네 가지 지름길 가운데 경멸이 가장 나쁩니다. 경멸은 관계를 망치는 가장 강력한 독이며, 그 독은 굉장히 오래갑니다. 이때 상대에 대한 호감과 존중이 바로 그 독을 없애는 해독제 역할을 합니다.

나와 배우자의 장점 찾기

부부간에 호감과 존중은 어떻게 쌓을 수 있을까요? 위의 사례에서처럼 상대에게 경멸을 쏟아붓고 있던 관계에서도 호감과 존중이 생겨날 수 있을까요?

결론적으로 말하면, 가능합니다. 연습을 통해 충분히 가능합니다.

다음 페이지의 표를 보세요. 이 표의 내용은 실제 부부가 쓴 것입니다. 이 표를 보면 어떤 아내와 남편의 모습이 그려지나요? 학식이 뛰어나고 사회적 지위도 높고 무척 화목한 부부가 그려지죠?

그러나 사실 이 장점 목록은 23년 동안 남편이 부인에게 심한 폭력

아내의 장점	남편의 장점
잘생겼다	성실하다
믿음직하다	부모에게 효도한다
옷차림이 단정하다	형제간에 우애가 깊다
매사에 적극적이다	식성이 좋다
훌륭한 엄마다	머리 회전이 빠르다
배움에 대한 의욕이 높다	결단력이 있다

을 행사하면서 싸움을 해왔던 부부가 쓴 것입니다.

두 사람은 이렇게 서로의 장점을 보기 시작하면서 관계가 회복되어 갔습니다. 그전에는 서로 단점만 보고, 화만 내고, 부정적인 언행만 일삼던 부부가 서로의 장점을 보기 시작하면서 드라마틱할 정도로 변화한 것입니다.

1단계 : 목록 만들기

부부간에 호감과 존중을 쌓는 연습의 첫 단계는 위의 사례에서처럼 '장점 목록'을 만드는 것입니다.

남편과의 사이가 굉장히 안 좋은 부인이 있었습니다. 그 집의 문제는 시댁과의 갈등이었습니다. 그 부인은 저에게 치료를 받으면서 '앞으로는 여태까지 했던 것처럼 하지 말아야지. 그동안 내가 남편을 너무 경멸했구나' 하면서 진심으로 반성하고 다가가는 대화를 하기 위해 노력했습니다.

그러던 어느 날, 다시 시댁 문제가 불거지면서 그때까지 쌓였던 부정적인 감정이 올라와 남편과 엄청나게 싸웠습니다. 그래서 '아무리 배워

봐야 소용없어. 들을 때는 좋고 변할 수 있을 것 같았는데, 싸우니까 여전히 절망적이야' 하며 속상해 했습니다.

그러다가 '최성애 박사가 엉터리를 가르쳐주지는 않았을 거야. 장점 50가지를 써보라고 했으니까 일단 한번 써보자'라는 생각이 들었다고 합니다. 그래서 마음을 다잡고 남편의 장점 50가지를 하나하나 써봤다고 합니다.

처음에는 한 가지 장점을 쓰면 바로 단점이 떠올랐는데, 그것을 꾹꾹 누르며 장점을 2개, 3개 쓰다 보니 점점 좋은 점이 떠올랐습니다. 결국 '가만히 보니까 참 괜찮은 사람이네' 하는 생각이 들었다고 했습니다.

2단계 : 장점을 상대에게 읽어주거나 전해주기

장점 50개를 다 적으면 일단 상대 앞에서 읽어주거나, 종이에 적어서 건네거나, 메일로 보냅니다. 그러면 상대의 마음이 서서히 움직입니다.

바로 위에서 소개한 부인도 자신이 생각하는 남편의 장점 50가지를 남편에게 이메일로 보냈습니다. 보통 때 같으면 한번 부부싸움을 하면 일주일, 길게는 한 달 동안은 아예 말도 안 하고 담쌓기를 했는데, 이메일을 보낸 지 두어 시간 만에 답장이 왔습니다. "여보, 사랑해. 미안해. 내가 너무 지나쳤던 것 같아."

이 일이 있은 후 남편과의 사이뿐만 아니라 시댁과의 관계도 좋아졌습니다. 그전에는 시댁에 가면 남편이 아내에 대한 불평불만을 하기에 바빴는데, 이제는 남편이 아내에 대한 칭찬을 하니까 시댁 식구들도 아내를 다시 보게 되었다는 것입니다.

그리고 앞에 소개한 장점 목록의 주인공인 폭력 부부도 TV 프로그램에서 위의 장점 목록을 서로에게 읽어주었을 때, 부인도 울고 남편도 눈물을 흘렸습니다. 다 읽고 난 후 어떤 생각이 드는지 물었더니 남편은 "부인이 나를 굉장히 미워하고 괴물단지로 여기는 줄 알았는데 나의 좋은 점도 발견해 주니까 정말 고맙다"라고 말했습니다.

아내는 "남편이 나를 때릴 때는 꼭 짐승 취급하는 것 같았다"고 말했는데, 자신을 책임감 있고 훌륭한 엄마라고 인정해 주니 눈물을 흘리지 않을 수 없었던 겁니다.

그때까지는 자녀들을 위해 이혼하지 않고 참았던 것인데, 남편이 미안해 하며 자신을 인정해 주니 이혼하고 싶었던 마음도 풀어졌습니다. 그렇게 관계가 회복되자 23년 동안 싸우던 사람들이 손잡고 산에도 다니기 시작했고, 폭력도 중단되었습니다.

이 프로그램을 녹화할 때 연출자와 카메라맨들은 이 부부가 변하는 모습을 보면서 "아, 저렇게 변할 수도 있구나……" 하고 감탄을 했습니다. 더 재미있는 것은 프로그램을 한 달 정도 찍는 과정에서 카메라맨들의 부부관계와 애인관계도 좋아졌다는 사실입니다.

카메라맨 중에 총각이 한 명 있었는데, 틈만 나면 "박사님, 여자친구가 헤어지자고 하는데 어떻게 해야 합니까?"라고 묻곤 했습니다. 그런데 나중에 프로그램이 끝날 때쯤에는 "사이가 너무 좋아졌어요. 감사합니다"라며 미소를 지었습니다.

그 카메라맨은 여러 부부들의 사례를 보면서 자신의 모습을 돌아보게 되었고, 그동안 담쌓기와 방어를 너무 많이 해왔다는 점을 깨닫고 치료법을 스스로 적용해 보았던 겁니다.

3단계 : 장점에 대해서 함께 대화하기

장점 목록을 만들고 서로에게 그 내용을 들려준 다음에는 장점 중에서 3가지 정도를 선택해서 그와 관련한 대화를 좀더 깊이 나눠보세요. 어떤 때 그런 생각이 들었는지 상황이나 추억, 에피소드를 이야기하는 겁니다. 이것은 1~2단계보다 더 깊이 호감과 존중을 나눌 수 있는 방식입니다.

앞에서 예로 든 부부의 경우, 남편은 아내에게 "당신은 배움에 대한 의욕이 많지"라고 말하면서 이렇게 덧붙였습니다. "당신은 공부도 잘하고 머리도 좋았지만, 가정형편이 어려워서 고등학교까지밖에 못 나왔지. 그래도 꾸준히 공부해서 결국 전문대까지 다닌 건 정말 대단해. 당신이 배움에 대한 의욕이 많은 걸 난 굉장히 높이 평가해."

그때까지 부인은 남편이 자신에 대해 그렇게 생각하는지 전혀 알지 못했습니다. 한번도 그런 말을 한 적이 없었기 때문이죠. 남편의 말에 부인은 매우 감동했습니다.

그리고 부인은 남편에게 "내가 생각하기에 당신의 큰 장점은 머리가 좋고 결단력이 있는 거야"라고 말하면서 이런 이야기를 했습니다. "IMF 때 다른 사람들은 다 가게를 접거나 축소하는데, 당신은 어떤 업종이 전망이 좋을지 정확히 내다보고 가게를 인수했어. 그래서 남들은 굉장히 힘들어할 때 우리는 오히려 가게를 넓히게 되었잖아. 그런 걸 보고 당신이 결단력이 있다고 생각했어."

이 이야기를 듣자 남편이 자신의 속내를 들려주기 시작했습니다. "밖에서 힘들게 일하고 집에 와도 반겨주지 않는 아내가 못내 야속하고 섭섭한 적이 많았습니다. 가족을 위해 열심히 살려고 발버둥치는데 겨우 이런 푸대접을 받나 하는 생각이 들면 부아가 나서 폭력을 휘둘렀습니다. 그런데 지금 아내의 얘기를 듣고 보니 내 가치와 노고를 인정 받는 기분이 들어 마음이 좋고 고맙습니다. 내 아내가 그런 면을 좋게 보고 있는지 정말 몰랐습니다. 더 열심히 일해야겠다는 의욕이 생기네요."

이렇게 구체적인 에피소드를 통해 상대의 장점을 이야기하면, 장점을 단지 눈으로 읽거나 귀로 들었을 때보다 훨씬 더 설득력이 있습니다. 그리고 두 사람만의 추억이 떠오르기도 하면서 관계의 신뢰도나 친밀감이 훨씬 깊어집니다.

또한 장점 목록은 계속해서 추가해 갈 수 있습니다. 자꾸 생각해 보면 그 외의 장점이 또 눈에 들어올 테니까요.

장점 목록을 활용할 수 있는 방법이 또 있습니다. 목록을 20장쯤 복사해서 냉장고에도 붙여놓고, 안방 침대 위에, 욕실에, 현관에, 식탁에도 붙여놓는 겁니다.

그러면 부부가 말다툼을 해서 기분이 나쁘더라도, 남편이 술 먹고 늦게 들어오더라도, 장점 목록을 보는 순간 '아, 그랬지. 이 사람은 정말 좋은 점이 많지' '아, 우리 남편이 나의 이런 좋은 점을 인정해 줬지' 하는 좋은 생각들이 떠오릅니다. 그래서 나빠지려던 생각이 좋은 쪽으로 돌아섭니다. 아마 용하다는 점쟁이한테 백만 원, 천만 원 주고 사는 부적보다도 훨씬 효과가 있을 겁니다.

자녀들이 결혼할 때 장점 목록을 선물할 수도 있습니다. 사실 부부의 장점 목록은 '가보(家寶)'라고 할 수 있습니다. 엄마가 생각하는 아빠의 장점, 아빠가 생각하는 엄마의 장점은 결국 부부관계를 건강하게 이끌어 가는 요소입니다. 따라서 자녀들의 결혼생활에도 도움이 될 수 있습니다.

결혼생활을 하면서 어려운 일이 있을 때 '엄마는 이런 장점이 있었지. 나도 그렇게 해야겠다' '아빠한테 이런 면이 있었는데 그게 아주 좋았지' 하는 생각을 하면서 마음을 다잡을 수 있기 때문입니다.

관계에 마이너스가 되는 결점 찾기

다음은 짐(Jim)이라는 남자의 아내가 짐에 대해 만든 결점 목록입니다. 말 그대로 '결점 목록'은 호감과 존중을 쌓기 위한 장점 목록에 반대되는 것이지요. 쭉 보면서 어떤 느낌이 드는지 살펴보세요.

짐은 뭐가 잘못되었나?

내 말을 잘 들어주지 않는다.

자기 감정을 잘 드러내지 않는다.

좋은 아버지가 아니다.

집안일을 잘 하지 않는다.

지구의 자원을 재활용하는 데 관심이 없다.

감정이 격해지면 도망친다.

공과금을 제때 내지 않는다.

자기 엄마한테 전화도 자주 하지 않는다.

내가 준비도 되기 전에 너무 재촉한다.

더러운 옷가지를 사방에 늘어놓는다.

설거지 할 때 접시를 깨뜨린다. (일부러 그러는 것 같다.)

술을 너무 많이 마신다.

소파에서 뒹굴뒹굴한다.

장을 보러 갈 때 쇼핑 목록을 잊어버리고 꼭 필요한 것을 사오지 않는다.

종종 화장실 물을 내리지 않는다.

자신의 가장 깊은 감정을 나와 나누지 않는다.

파티에서 다른 여자들과 너무 자주 시시덕거린다.

파티가 끝난 뒤 치우지 않는다.

아이들에게 너무 관대하다.

가끔은 아이들에게 너무 엄하다.

여성에 대해 성차별주의적인 태도를 보인다.

고양이에게 먹이 주는 일을 잊어버린다.

고양이 먹이를 주고 나서 포크를 씻어놓지 않는다.

섹스 하기 전에 전희를 거의 하지 않는다.

가끔 섹스가 엉망이다.

잘난 척이 너무 심하다.

위의 목록은 가트맨 박사의 매뉴얼에 들어 있는 것입니다. 아마 관계가 안 좋은 부부에게 상대의 결점을 찾아 적어보라고 하면 이보다 더 긴 목록을 순식간에 작성할지도 모릅니다. 하지만 이렇게 자신에 대한 불평불만과 결점만 들으면, 들은 사람 입장에서 '이제부터는 고양이 밥 주고 나서 포크를 씻어놔야겠구나' 하는 생각이 들까요? '어차피 그렇게 보이는 거 그냥 살자' 하는 마음이 들게 마련일 겁니다.

함께 살다 보면 상대에 대해 짜증나는 일, 불만스러운 일이 있게 마련이고, 오해도 생깁니다. 그리고 이 세상에 결점 없는 사람은 없지요. 그런데 이런 식으로 결점을 나열하면 듣는 사람 입장에서는 귀를 닫고 말거나, 멀리 도망가거나, 아예 헤어지게 됩니다. 결점을 얘기하는 것은 문제를 해결하는 데 전혀 도움이 안 됩니다.

가끔 이혼을 생각하면서 변호사부터 찾아가는 사람들이 있는데, 연구에 따르면 변호사를 찾아가면 이혼할 마음이 크게 없던 사람도 이혼하는 쪽으로 마음이 굳어지게 된다고 합니다.

물론 변호사의 의도가 나빠서 그런 것은 아닙니다. 변호사의 입장에서 고객이 최대한의 금전적·정신적 보상을 받게 하려면 고객의 과오는 극소화하고 상대의 결점과 과오는 극대화하게 되지요.

이혼 소송에서 이겨서 위자료를 한 푼이라도 더 받는 것이 목표라면 그래야 할 것입니다. 하지만 결점을 찾는 과정에서 부정적 감정이 더욱 올라오게 되니 결과적으로 관계를 개선할 목표는 사라지고 피해의식, 적개심, 분노, 억울함, 슬픔, 절망감이 밀물처럼 몰려오는 것입니다.

가트맨 방식에서는 1차 면담에서 서로 좋았던 순간을 떠올리게 합니다. 처음 만났을 때의 서로에 대한 인상, 연애 시절의 즐거웠던 에피소드, 함께 역경을 헤쳐나갔던 일 등을 되새겨보게 합니다.

감정적으로 멀어지고 서로에 대해 절망적이던 사람들이 이렇게 좋은 기억을 떠올리다 보면 옛정이 되살아나면서 다시 잘해보자는 의지가 자연스럽게 생겨납니다.

이후 자신과 배우자의 장점을 50가지씩 찾아서 적어오라고 과제를 내주면, 두 번째 방문했을 때는 표정부터 다릅니다. 서로의 좋은 점들을 자신의 관계를 '행복의 집'으로 리모델링하는 데 잘 활용할 수 있을 거라는 희망이 생기기 때문입니다.

재미있는 것은, 장점을 찾다 보면 장점이 더 많이 눈에 띄고, 단점이라고 여겼던 것도 뒤집어보면 장점이라는 생각이 든다는 점입니다. 예를 들어, 어떤 부인이 자기 남편이 돈을 굉장히 아끼고 잘 쓰지 않는 것을 결정적인 단점이라고 불평해 왔는데, 장점을 쓰다 보니 그 덕에 술집 같은 데서 기분 낸다고 큰돈을 쓰거나 하지 않는 것이 고마운 일이라고 여겨지더랍니다.

생활 속에서 호감과 존중을 쌓으려면

긍정적으로 생각하기

보통 관계가 나쁜 사람들은 상대의 긍정적인 특성이나 장점을 발견하기 전에 부정적인 특성이나 단점부터 봅니다.

남편이 밥을 한 그릇 다 먹어도 '우리 남편은 밥을 참 복스럽게 잘 먹는구나' 하고 생각하는 게 아니라 '하여튼 먹는 데에만 발달해 가지고……'라며 부정적인 생각을 합니다.

앞에서도 얘기했지만, 하나의 습관이 형성되는 데는 21일쯤 걸립니다. 두뇌회로가 생겨야 하는 거죠. 마찬가지로 긍정적인 것을 찾아내는 습관을 갖기 위해서도 일정한 시간을 들여 의식적으로 노력해야 합니다.

아침에 눈을 뜨면 '오늘도 우리 남편(아내)의 장점을 하나라도 찾아보자' 하고 생각해 보세요. 찾아보면 장점은 얼마든지 눈에 띕니다. 신발을 얌전하게 벗어둔다거나, 치약을 아래쪽에서부터 짠다거나, 사소하더라도 소중한 장점들이 얼마든지 있습니다.

밉게 보면 '저 사람은 쫀쫀해서 치약 짜는 것부터 꼴 보기 싫어' 하고 생각할 수 있지만, 좋은 쪽으로 보면 같은 것이라도 긍정적인 관점에서 볼 수 있습니다.

이렇게 배우자에게서 긍정적인 특성이나 장점을 발견하는 것은 관계의 건강을 유지하는 데 매우 중요합니다. 장점이 있는데 그것을 보느냐, 못 보느냐는 노력에 달려 있습니다. 살을 빼려면 꾸준히 운동을 해야 하는 것과 마찬가지입니다.

제가 살던 미국 미시간 주 근처 아메리카 원주민들의 집에는 '드림 캐처(Dream Catcher)'라는 장식품이 있습니다. 말 그대로 '꿈을 걸러 내는 망'입니다. 거미줄 같은 동그란 망인데, 이것을 창에 걸어놓고 밤에 자는 동안 나쁜 꿈은 걸러서 들어오지 못하게 하고 좋은 꿈만 들어오게 하는 것입니다. 이것을 걸어놓고 자면 아이들이 좋은 꿈을 꾸고 편하게 잘 수 있다고 합니다.

호감과 존중, 긍정적인 감정을 쌓으려면 '드림 캐처'가 아니라 '장점 캐처'를 지녀야 합니다. 단점은 걸러내고 장점만 들어오게끔 장점 캐처를 마음속에 가지고 다니면, 긍정적인 감정이 쌓이면서 정서적으로 부자가 됩니다. 마음이 든든해지고, 따뜻해지고, 감사해집니다.

'me-ness'에서 'we-ness'로 말하고 생각하기

가트맨 박사는 이렇게 호감과 존중을 쌓고 정서통장을 풍요롭게 채우려면 '내가 이렇고 저렇고' '당신이 어떻고 저떻고' 하는 'me-ness'에서 '우리가 이러면 어떨까' 하는 'we-ness'로 대화와 생각의 방식을 바꿔보라고 했습니다.

주어를 '나, 너'에서 '우리'로 바꾸는 것이죠. 그러면 공유의식을 갖게 되고, 협동하는 분위기를 만들 수 있습니다.

'당신은, 당신은, 당신은' 이렇게 말을 하다 보면 상대를 비난하게 되기 쉽고, '나는, 나의, 나를'이라고 하다 보면 자기주장만 하기 쉽습니다. 그러다 보면 상대와 멀어질 수 있습니다. 저는 요즘 '내 아이'라는 말을 들으면 사실 좀 걱정이 됩니다. 아이는 누구의 소유물도 아니고 혼자 낳을 수도 없습니다. 세상의 아이들은 모두 '우리'의 아이들입니다. 자녀에게는 설사 부모가 이혼한다고 해도 '우리 엄마, 우리 아빠'입니다.

부부의 스트레스 관리법

장점이 아니라 단점만 보고 싶은 사람은 없을 것입니다. 마음과 달리 스트레스가 쌓이거나 답답한 상황에 놓이게 되면 평소의 좋았던 모습도 나쁘게 생각될 수 있습니다. 건강한 부부관계를 위해서는 부부를 위협하는 스트레스를 제대로 관리할 필요가 있습니다.

외부의 적을 명확히 하라

현대 사회에서 스트레스 없이 사는 사람은 없습니다. 스트레스가 부부 두 사람 사이에서 벌어지는 일이 아니라 외부 요인에 의해 생기는 것이라면 그것을 'weness'로 풀면 됩니다. 즉 외부의 요인을 적으로 놓고 두 사람이 동지가 되어 함께 맞서는 것이죠.

요즘은 경제 상황이 좋지 않아 해고에 대한 불안감을 느끼는 사람들이 많습니다. 심지어 30대에 퇴직하는 사례도 적지 않습니다. 상황이 이렇다 보니 예민해지고, 예민해지니 작은 일에도 짜증이 나고, 결국 부부 사이에 나쁜 영향을 미칩니다.

그럴 때 '이것은 외부의 적이다. 우리 둘 사이에 문제가 있어서 벌어진 상황이 아니라 사회와 경제의 변화 같은 외부 문제에서 오는 스트레스다'라고 규명할 수 있어야 합니다.

그것을 모르면 밖에서 받은 짜증을 집에서 풀게 되고, 그러면서 부부관계가 나빠집니다. 결과적으로 회사에 가도 스트레스, 집에 와도 스트레스를 받는 것이죠.

그런데 스트레스의 요인이 시댁이나 처가일 때는 문제가 좀 복잡합니다. 시댁이나 처가는 완전히 외부의 적도 아니고, 그렇다고 내부의 적도 아니기 때문입니다.

첫아이를 낳고 아기 이름 때문에 이혼 소송에까지 이른 한 부부가 있었습니다. 시댁에서 이름을 지어줬는데 아기 엄마는 남편에게 그 이름이 마음에 들지 않는다고 말했습니다. 그러자 남편이 "우리 엄마가 지어주신 이름인데 당신은……" 하고 부정적으로 반응합니다. 아내는 아기 낳은 지가 얼마 안 되어 몸도 힘든데 남편이 자기편을 안 들어주니까 "왜 당신 엄마 편만 들어?" 하고 서운해 했습니다.

이렇게 옥신각신하면서 서로 나빴던 기억을 얘기하다 보니 감정이 격해졌습니다. 그러다 남편이 말싸움에서 밀리니까 아내를 살짝 발로 찼습니다. 그러자 아내는 너무 놀라고 화가 나서 친정에 전화를 했습니다.

그 소식을 듣고 달려온 친정아버지가 사위에게 화를 내자 사위는 "당신 딸은 잘했습니까?" 하고 대들면서 거의 멱살을 잡을 지경까지 갔습니다.

그 와중에 시부모까지 훈계를 하니 아내는 억울함을 참지 못해 울면서 병원을 뛰쳐나갔습니다. 그 모습을 본 시부모는 "쟤는 애 키울 자격이 없다. 어떻게 아기 엄마가 애를 놔두고 나가느냐"라면서 아기를 강제로 퇴원시켜서 데리고 가버렸습니다.

발단은 사소한 아기 이름이었는데, 점점 상황이 걷잡을 수 없이 나쁜 쪽으로 전개되어 결국 두 사람은 이혼 소송을 하게 되었습니다.

슬라이딩 도어 모멘트로 시간을 되감아 영화처럼 다른 장면을 선택했더라면 하는 아쉬움이 큽니다. 영문도 모른 채 엄마와 생이별하게 된 아기의 인생을 위해서라도 '자극→반응→자극→반응'으로 이어지는 악순환의 고리를 깨고 큰 틀에서 호감, 존중의 방향을 택했더라면 이혼 소송으로까지 가지는 않았겠지요.

스트레스의 요인이 확실히 외부 문제이면 비교적 간단한데, 이렇게 인척관계가 개입되면 참 어려워집니다. 그래도 답은 하나입니다. 부부가 한편이어야 합니다. 남편이 누구 눈치도 보지 않고 확실하게 아내 편을 들어주면 나머지 문제는 다 풀립니다.

예를 들어 시어머니와 며느리 사이에 갈등이 있을 때 3대독자인 남편이 "우리 엄마가 너무 불쌍하니까 당신이 양보해"라고 하면 그 순간 그 사람은 오히려 불효를 저지르는 셈이 됩니다.

만약 그 말을 들으면 아내가 뭐라고 할까요? 아마도 "당신은 누구 편이야? 나는 당신한테 어떤 사람인데? 난 엄마 다음이야? 그럼 엄마하고 결혼하지 왜 나하고 결혼했어?"라고 반응할지도 모릅니다.

이렇게 되면 결과적으로 자기 마음도 불편하고, 어머니와 며느리의 관계도 더 안 좋아집니다. 그러면 결국 불효를 이중삼중으로 하는 셈이 되지요.

남편이 확실하게 아내 편을 들어주면서 "그래, 우리 엄마가 고생했지만 그래도 나에게는 당신이 우선이야"라고 말하면 아내는 남편이 고마우니까 시어머니에게도 더 잘하게 됩니다. 그렇게 되면서 문제는 자연스럽게 해결됩니다.

다시 한 번 강조하지만, 스트레스를 관리할 때는 첫째로 외부의 적을 명확히 해야 합니다. 특히 외도로 제3자가 개입되었을 때는 적과 동지를 명확히 하는 것이 중요합니다.

그렇게 둘이서 me-ness가 아니라 we-ness의 마음으로 문제를 해결하다 보면 '우리' 안에 대가족과 지지 그룹이 포함되면서 동지가 더 늘어날 수도 있습니다.

상대의 민감한 부분에 주의하라

또 하나 스트레스를 관리할 때 주의할 점이 있습니다. 사람마다 가지고 있는 민감한 부분을 건드리지 않도록 주의해야 한다는 것입니다.

몇 년 전 전국을 떠들썩하게 만든 한 여성의 학력 위조 및 불륜 사건이 있었습니다. 그 무렵 저에게 치료를 받으러 온 사람들 중 남편이 외도를 한 적이 있는 사람들은 그 사건에 무척 열을 올렸습니다.

'바로 저런 여자 때문에 우리 남편이……' 하고 생각하면서 민감해지는 것이죠. 그런 일과 직접 관계가 없는 사람은 이런 일도 있었나 보다 하고 마는데, 그 문제에 민감한 사람은 그 사건에 대해서 인터넷을 샅샅이 뒤져보고, 여자의 과거를 알아보는 등 굉장히 예민하게 반응합니다.

자신이 예민하게 느끼는 주제가 무엇이며, 배우자가 '그 문제만 건드리면 굉장히 예민하게 반응하는' 점이 무엇인지 생각해 보세요. 그리고 자신이 예민하게 반응하는 문제는 상대에게 미리 얘기를 해주세요. 이런 문제가 나한테는 참 민감한 것이므로 그런 얘기를 할 때는 조심스럽게 해줬으면 좋겠다고. 마찬가지로 상대가 민감한 부분이 무엇인지 확인한 후 그 부분을 자극하지 않도록 조심해야 합니다.

자신에게 예민하고 중요한 부분을 배우자가 이해하고 배려해 주면 신뢰감과 친밀감이 더 많이 쌓이면서 배우자에게도 더 잘하려고 노력하게 됩니다. 이렇게 긍정이 긍정을 낳고, 좋은 관계를 형성하게 됩니다.

Summary

🍃 호감과 존중 쌓기의 중요성
- 배우자에게서 긍정적인 특성이나 장점을 발견하는 것은 부부관계의 생동감과 건강을 유지하는 데 매우 중요하다.

🍃 나와 배우자의 장점 찾기
- 상대의 장점 50가지를 찾아 목록을 만든다.
- 목록을 상대에게 전해준다.
- 상대의 장점을 구체적인 에피소드를 들어가며 얘기해 준다.
- 목록을 곳곳에 붙여두고 생활하며 수시로 떠올려본다.
- 장점 항목을 수시로 추가한다.

🍃 부부의 스트레스 관리법
- '나, 너'가 아니라 '우리'가 되어 스트레스에 대처한다.
- 외부의 적을 명확히 하고 부부는 가능한 한 한편이 된다.
- 서로의 민감한 문제에 대해서는 배려하고 주의한다.

EXERCISE

🖋 장점 찾기 연습

배우자의 장점 찾기를 해보라고 하면 못하는 사람들이 있습니다. 아무리 생각해 봐도 한두 가지 이상은 장점이 떠오르지 않는 경우, 기존의 목록을 가지고 장점을 찾아볼 수 있습니다. 아래의 장점 목록 가운데 자신의 배우자가 지닌 장점이라고 생각되는 것에 동그라미를 칩니다.
그리고 동그라미 친 것 중 2~3개를 골라서 그런 장점을 발견했던 상황이나 에피소드를 배우자에게 말해 보세요.

예쁘다	매력적이다	아름답다	귀엽다	잘생겼다
호감을 준다	멋지다	다정하다	현명하다	솔직하다
좋은 사람이다	신앙심이 깊다	지도력이 있다	강하다	착하다
도덕적이다	원칙적이다	따스하다	부드럽다	다정다감하다
우호적이다	명랑하다	친절하다	예의 바르다	긍정적이다
똑똑하다	이타적이다	정열적이다	희생적이다	인간미가 있다
생각이 깊다	전통적이다	창의력이 있다	이해심이 많다	우아하다
생동감이 있다	이성적이다	센스가 있다	능력 있다	전문가답다
지식이 많다	겸손하다	참되다	평화적이다	즐거움이 많다
깔끔하다	멋쟁이다	믿을 만하다	주의력이 있다	사려 깊다
지적이다	신사답다	단정하다	솜씨가 좋다	생산적이다
적응력이 높다	훌륭하다	재빠르다	영감을 준다	건전하다

Chapter 07

마음으로 다가가는 대화하기

'가는 말이 고와야 오는 말이 곱다'라는 옛말이 있습니다. '말 한 마디로 천 냥 빚을 갚는다'는 말도 있고요. 말이란 사람과 사람 사이의 관계를 만들어주는 첫걸음입니다. 대화는 관계를 이어주기도 하고 끊어버리기도 하고, 관계를 건강하게 유지해 주기도 하고 반대로 병들게 하기도 합니다.

신체생리적으로 보면 대화의 종류에 따라 스트레스를 일으키는 대화가 있고 스트레스를 줄여주는 대화가 있습니다.

아내가 식사를 하면서 "그 나물 어때? 봄이라서 한번 무쳐봤는데"라고 말했는데 남편이 "봄은 무슨. 추워 죽겠구만" 하고 퉁명스럽게 대꾸한다면 아내의 기분이 어떨까요? 순간 남편에게서 무시당한 기분이 들면서 몹시 섭섭하고 자존심도 상하니 당연히 남편이 미워질 겁니다.

한편, 남편이 아내의 말에는 아예 반응하지 않고 "김연아, 걔 참 잘하더라" 하고 아내의 질문과 상관없는 말을 하면 아내는 마음이 싸늘히 식고, 자신이 중요한 존재가 아닌 듯한 기분이 들 것입니다. 이런 대화는 서로를 멀어지게 만듭니다.

행복한 관계를 위해서는 이렇게 원수를 만드는 대화나 멀어지는 대화가 아니라 서로에게 가까이 다가가는 대화를 해야 합니다.

어떻게 해야 다가가는 대화를 통해 마이동풍 같던 남편도 대화에 참여하게 되고, 그 결과 두 사람이 감정적으로 가까워질 수 있을까요? 두 사람 사이에 유대감과 친밀감이 형성될 수 있을까요?

행복한 관계의 첫걸음, 말걸기

가트맨 박사는 일상의 사소한 순간 순간들이 바로 행복한 집, 행복한 가정을 만드는 데 쓰이는 벽돌이라고 했습니다. 특별한 사건이나 이벤트가 행복한 가정을 만들어주는 것이 아니라, 함께 대화하고 관심을 나누는 일상의 사소한 순간들이 모여서 행복한 부부, 행복한 가정이 된다는 것이죠. 그 첫걸음은 상대에게 말을 거는(bidding) 데서 시작됩니다.

예를 들어 부부가 함께 자동차를 타고 가다가 "어머! 저 차 좀 봐요. 신기하게 생겼네"라고 한다든가, 식사를 하면서 "아, 이 찌개 정말 맛있네" 하는 식으로 상대에게 말을 거는 작은 순간들이야말로 행복한 부부를 만들어주는 초석입니다.

상대의 말걸기에 반응하기

상대가 말을 걸어올 때 다가가는 대화로 반응하는 사람이 있는가 하면 멀어지는 대화로 반응하는 사람이 있습니다. 심지어 적대적으로 반응하는 사람도 있습니다. 말걸기에 어떻게 반응하느냐 하는 것은 듣는 사람의 선택입니다.

말걸기에 긍정적이고 다가가는 대화로 반응하면 정서통장이 두둑해집니다. 둘 사이가 가까워지고 친밀해지고, 애틋해지고, 사랑스러워집니다. 이와 달리 멀어지는 대화나 적대적인 대화를 하면 상대에 대해 거리감만 더 생기고, 분노가 쌓입니다.

이것은 꼭 부부 사이에만 해당되는 이야기가 아닙니다. 부모와 자녀 사이, 친구 사이, 동료 사이 등 모든 인간관계에 해당됩니다. "좋은 아침!" 하고 밝게 인사하는 동료에게 눈길도 주지 않고 자기 할 일만 하는 이에게 긍정적인 마음이 생기기란 쉽지 않겠지요.

말로 하지 않는 말걸기

이때 말걸기란 꼭 언어로만 할 수 있는 것은 아닙니다. 여기에는 비언어적 신호도 포함됩니다.

예를 들어 슬며시 손을 잡거나 오라고 손짓하는 것도 일종의 말걸기입니다. 그리고 남편이 귀가했을 때 전화 통화를 하던 중이었다면 바로 전화를 끊지는 못하더라도 최소한 남편을 쳐다보면서 표정으로 '당신 왔어?' 하고 표시하는 것도 말걸기입니다.

대부분의 경우 말걸기에는 의식적이든 무의식적이든 어떤 욕구가 들어 있을 수 있다고 합니다. 한숨으로 말걸기를 시도했다면 그 안에는 자신의 힘든 부분을 위로받고 싶은 욕구가 있는 것입니다.

관계를 형성하고 유지하게 해주는 진리인 '사소한 일을 자주하라(small things often)'는 규칙이 여기에도 해당됩니다. 매순간을 관계를 형성하는 단단한 벽돌로 쓸 것이냐, 아니면 관계를 깨고 망가뜨리는 무기로 쓸 것이냐는 스스로 선택할 수 있습니다.

관계를 결정하는 3가지 대화법

가트맨 박사는 말걸기에 반응하는 3가지 방법이 있다고 합니다. '서로 원수가 되는 대화', '서로 멀어지는 대화' '서로 다가가는 대화'가 그것입니다.

서로 원수가 되는 대화

서로 원수가 되는 대화는 상대의 말걸기에 반박하거나 비웃음으로 반응하는 것입니다.

남편이 "오늘 밤 축구 경기 진짜 재미있을 거야!"라고 신이 나서 얘기하는데 아내가 "으휴, 지겨워. 만날 축구타령! 축구 볼 시간 있으면 청소나 좀 해요!" 하고 퉁명스럽게 말하면 남편의 마음은 무척 답답해질 것입니다.

다른 예로 아내가 "아…… 저 꽃 정말 예쁘다. 나도 정원 있는 집에서 살면서 저런 꽃들이랑 나무랑 키워보는 게 꿈이야"라고 말했는데 남편이 "정원 같은 소리 하지 말고, 지금 있는 집 청소나 잘해!" 하고 반응한다면, 부인은 슬픔이나 분노를 느낄 것입니다.

이렇게 상대의 말을 비웃거나 무조건 반박하는 것은 서로 원수가 되게 만드는 대화입니다.

서로 멀어지는 대화

한편 멀어지는 대화는 상대의 말걸기에 관계없는 화제로 자기 마음대로 바꾸거나, 엉뚱한 소리를 하거나, 아무런 대꾸도 안 하는 것입니다.

남편이 퇴근하고 집에 와서 "아, 배고프다. 뭐 좀 먹을 것 없어?" 하고 묻는데, 아내가 그 말에는 신경도 안 쓰고 아들을 쳐다보면서 "너 숙제 다 했어? 컴퓨터 그만 꺼라"라고 하면 남편의 기분은 어떨까요? '이 사람이 나는 안중에도 없나?' 하는 생각이 들면서 섭섭하고 억울한 마음이 들 것입니다.

부인이 새 옷을 입어 보이면서 "여보, 이 옷 오늘 산 건데, 잘 어울려?"라고 묻는데, 남편이 신문만 보면서 눈길도 주지 않으면, 부인은 남편에게 거리감을 느낄 겁니다.

사실 우리는 일상에서 이런 좋지 않은 대화들을 많이 합니다. 멀어지는 대화를 하는 경우는 부지기수이고, 의도하거나 혹은 의도하지는 않았더라도 원수가 되는 대화도 많이 합니다. 심지어 원수가 되는 대화를 농담쯤으로 여기며 자주 하는 사람도 있습니다. 그러나 그런 대화는 상대에게 심각한 상처가 되고, 결국에는 관계를 병들게 합니다.

부부 사이만이 아니라 부모 자녀 사이도 마찬가지입니다. 만 5세 미만의 아이는 부모와 한방에 있을 때 평균적으로 1분에 엄마를 세 번 부른다고 합니다. 아이가 엄마에게 말걸기를 하는 것이죠. "엄마, 엄마! 이것 좀 봐! 엄마, 나 그림 잘 그렸지?" "엄마 이리 좀 와봐."

이런 식으로 아이가 1분에 세 번 말걸기를 하는데, 엄마는 얼마나 다가가는 대화로 반응할까요? 엄마가 멀어지는 대화로 반응하면 아이들은 의기소침해집니다. '엄마는 나한테 관심이 없구나. 나는 중요한 존재가 아니구나' 하고 생각하게 됩니다. 그런 생각이 누적되면 사춘기에 반항을 하게 됩니다.

그러나 엄마들은 자녀가 갑자기 왜 그러는지 알지 못합니다. 본인은 지금까지 아이를 위해서 열심히 살았는데, 아이는 "엄마는 만날 나를 무시해"라고 합니다. 그러면 엄마는 "내가 언제 널 무시했냐?"라고 되묻습니다. 그렇게 원수가 되는 대화가 이어지는 악순환이 계속됩니다. 다가가는 대화는 좀더 자세히 살펴보도록 하겠습니다.

다가가는 대화의 장점

다가가는 대화는 상대에게 관심을 보이며 적극적으로 반응하면서 한 걸음 가까워지는 것입니다. 그만큼 서로 친밀감과 호감, 신뢰를 쌓기 위한 필수 조건이라고 할 수 있습니다. 이러한 다가가는 대화는 다음과 같은 긍정적인 역할을 합니다.

상대로부터 다가가는 대화를 이끌어낸다

상대의 말걸기에 내가 먼저 다가가는 대화를 시도하면 상대 또한 다가오게 되어 있습니다.

예를 들어 "오늘 종묘 쪽을 지나다 보니까 벚꽃이 한창이더라" 하고 아내가 말을 걸어왔을 때, 남편이 아내를 바라보며 "나도 오늘 뉴스 보니까 벚꽃이 절정이라던데" 하고 응수를 합니다. 이는 다가가는 대화입니다.

그러면 아내가 말을 이어받습니다. "우리 벚꽃 구경 간 지 몇 년은 된 것 같아. 둘째 낳은 뒤로는 꽃 구경은 생각도 못했잖아. 난 벚꽃 보면 당신이랑 교정에서 첫 데이트 할 때가 생각나. 당신도 그때 기억나?"

남편은 싱긋 웃으며, "그럼. 당신이 벚꽃보다 더 예뻐서 당신 얼굴만 봐도 좋았지"라고 호응합니다. 그러면 아내는 기분이 좋아서, "나도 그때 사실 벚꽃 구경보다 당신이랑 걷는 것 자체가 너무 좋았어" 하며 남편의 손을 다정하게 잡습니다. 남편은 "우리 오랜만에 벚꽃 구경 가자. 다음 주면 다 질 테니까 이번 주말에 시간 내보자구" 하고 대답합니다.

이 대화를 보면 다가가는 대화의 비결을 발견할 수 있습니다. 경청, 공감, 호응, 관심, 열의 이런 것들이 점점 더 둘을 가깝게 하고, 연결시키고, 즐겁게 만듭니다.

스트레스를 줄여준다

가트맨 박사와 레벤슨 박사의 연구에 따르면, 다가가는 대화는 스트레스를 줄여준다고 합니다. 반대로 원수가 되는 대화나 멀어지는 대화를 하면 그만큼 스트레스가 올라갑니다.

남편이 회사에서 상당히 불쾌한 일을 겪었습니다. 동료 과장이 승진하기 위해 자신을 음해하고 다녔다는 것을 알게 된 겁니다. 그래서 잔뜩 스트레스를 받아 잠이 안 옵니다. 분하고 억울해서 뒤척이고 있으니, 아내가 "왜 그래? 오늘 무슨 일 있었어?" 하고 말을 겁니다.

일단 아내의 의도는 좋았습니다. 그러자 남편이 "오늘 김 과장 그 여자가 말이야……" 하고 얘기를 시작합니다.

이때 아내가 "또 시작이군" 하는 식으로 답변한다면 이것은 원수가 되는 대화입니다. 그러면서 "그 여자 내가 보니까 틀린 말 할 사람은 아니던데"라고 덧붙이고는 "당신이 회사 늦은 게 한두 번이야?"라면서 남편에게 핀잔을 주기까지 합니다.

아내의 처음 의도는 남편에게 조언을 하는 것이었지만, 남편이 듣기에는 오히려 원수가 되는 대화로만 반응을 한 거죠. 그러니 남편은 "됐다, 됐어! 아휴. 당신한테 말한 내가 바보다!" 하고 벌컥 화를 내며 돌아눕습니다.

그러자 아내는 "괜히 화내고 야단이야. 자기가 잘못해 놓고 왜 나한테 화풀이야!" 하면서 더 화를 냅니다.

지금 이 두 사람은 서로 스트레스를 일으키는 대화를 하고 있습니다. 같은 상황에서 아내가 다가가는 대화를 시도한다면 어떻게 할 수 있을까요?

"무슨 일이야? 잠을 못 자고 힘들어하네." 여기까지는 같습니다. 그리고 남편이 사정 얘기를 할 때 "어머, 그랬어? 정말 기분 안 좋았겠구나"라고 반응합니다. 이렇게 수용하고 공감해 주는 대화, 이것이 바로 다가가는 대화입니다.

심리학자 하임 기너트(Haim Ginott)는 좋은 관계를 형성하기 위해서는 이처럼 상대의 감정을 수용해 주라고 말했습니다. 화났겠네, 정말 속상했겠네, 정말 스트레스 받았겠네, 정말 억울했겠네 하고 감정을 받아주라는 것이죠.

그렇게 하면 남편이 '아, 이 사람이 내 편이구나' 하며 일단은 마음을 놓게 됩니다. 그런 다음에는 "그러게 말이야. 정말 속상했어"라면서 계속해서 속이야기를 털어놓고, 아내는 또 다가가는 대화로 반응합니다. 이렇게 상대의 이야기를 수용하고 경청하면서 공감대가 형성됩니다.

그러면서 남편은 "어쩌겠어. 그래도 내가 일을 더 열심히 하면 그 사람이 더 이상 그렇게는 못할 거야"라고 결론을 짓고, 그러면 아내가 "정말 좋은 생각이다. 힘내자"라고 말해 줍니다.

아내가 따로 조언이나 충고를 하지 않아도 그렇게 얘기가 잘 풀립니다. 그러고 나서 "당신한테 얘기하고 나니까 정말 속이 확 뚫리고 시원하다. 고마워" 하고 마무리하게 됩니다. 이 과정에서 실제로 스트레스가 사라집니다.

자녀들과의 관계에서도 마찬가지입니다. 다섯 살짜리 아이를 백화점에 데리고 간 실험을 했습니다. 아이가 "엄마, 나 저 자동차 갖고 싶어"라고 하는데, 엄마가 곧바로 "너 얼마 전에 비슷한 것 샀잖아!"라고 쏘아붙이면 원수 되는 대화가 됩니다. 이때 아이의 심장박동수는 평상시 분당 85~90회였던 것이 무려 140까지 올라갔습니다.

우선은 상대의 감정을 수용해 줘야 합니다. 감정을 수용해 주고 나서 행동을 교정해 줘야 합니다. 감정을 수용하지 않고 먼저 행동을 수정해 주려고 하는 것은 바람직하지 않습니다. 거부감과 반발심이 생길 수 있기 때문이죠.

위와 같은 상황에서 감정을 수용하는 반응은 이렇습니다. 아이가 "엄마, 나 저 자동차 갖고 싶어"라고 말할 때 "응, 저 자동차가 갖고 싶구나?"라고 반응합니다. 일단 수용해 주는 것이죠. 그러면 아이의 호흡이 안정됩니다. 엄마가 내 말을 들었구나 하고 느끼기 때문입니다.

그다음에 "저 자동차의 어떤 점이 좋아?"라고 묻습니다. 만약 아이가 "이거, 윙 하고 다니면서 불이 반짝거리거든"이라고 하면 "아, 그렇구나"라면서 인정해 줍니다. "그래서 그 자동차가 갖고 싶구나" 하고 호응해 주면 아이는 무척 좋아합니다.

그러고 나서 "그런데 얼마 전에 비슷한 걸 샀는데, 정말 갖고 싶어?"라고 물어봅니다. "응, 갖고 싶어." "그럼 우리 이렇게 하면 어때? 다음 번 생일에 사면 어떨까?" "응, 그렇게 엄마." 자신의 감정부터 수용해 준 다음에 제안을 하니까 아이도 엄마의 제안을 순순히 들을 수 있게 된 것입니다. 이때 서둘러 결론을 내리거나 엄마의 답으로 끌고 가려 해서는 안 됩니다. 그러다 보면 아이가 기다릴 줄도 알게 되고 참는 것도 배우게 됩니다. 엄마가 자신을 존중해 줬다는 느낌이 들기 때문입니다. 엄마 역시 아이가 대견하고 기특합니다. 그러면서 두 사람 모두 스트레스가 사라지고 관계는 더욱더 견고해집니다.

다가가는 대화법의 다양한 방식들

공감하고 들어주기

수용·경청 : "그랬겠네." (끄덕끄덕)

공감 : "정말 힘들었겠네." "화났겠네." "슬펐겠네." "억울했겠네." "창피했겠네."

두둔 : "그 사람 정말 고약하네."

다가가는 대화를 하기 위해서는 무엇보다도 상대의 이야기를 들어주고 공감해 줘야 합니다. 상대의 감정을 수용해 주는 겁니다.

"그랬겠구나. 정말 화가 났겠구나. 정말 속상했겠구나" 하면서 상대의 얘기를 열심히 들어줍니다. 그러면서 "정말 힘들었겠네" "정말 화났겠네" "속상했겠네" "억울했겠네" "나도 너라면 걱정스러울 거야" "짜증이 날 만도 하겠다" 하고 공감해 줍니다. 그리고 "그 사람 정말 고약하네" 하면서 두둔해 주기도 합니다.

이렇게 해야 대화가 제대로 시작될 수 있습니다. 그러지 않고 "만날 똑같은 불평, 이제 그만 좀 해!"라고 한다거나 "그래서 뭐 어쩌라고?" 하는 식으로 반응한다면 대화는 이루어지지 못하고 두 사람 사이에 골만 더 깊어질 것입니다.

관심과 열의 보이기

관심 : "그래서 당신은 어떻게 했어?" "어떻게 하고 싶어?"
열의 : "와~ 정말 멋진 일이네!"
공감·이해 : "그러고 싶구나."(끄덕끄덕)
존중 : "당신 의견도 참 좋은 것 같은데, 혹시 내 의견을 말해도 될까?"

다가가는 대화에서는 먼저 상대의 이야기를 공감하며 들어준 다음 관심을 보입니다.
"그래서 어떻게 됐어?" "그 일에 대해서 더 말해 줄 수 있겠어?"와 같이 말하는 것입니다. 관심을 보이며 상대의 이야기를 더 이끌어내는 것이죠. 그리고 "그래서 당신은 어떻게 하고 싶어? 회사를 그만두고 싶어? 아니면 다른 부서로 바꿔달라고 부장님한테 말해 보겠어?"처럼 의견을 물어보기도 합니다. 그리고 상대의 답변에 대해 "그렇구나"라고 공감해 줍니다.
또 열의를 보이기도 합니다. 상대의 이야기에 "와! 정말 멋진 일이네!" 하고 적극적으로 반응하는 것입니다. 예를 들어 한 사람이 "우리, 전통문화에 대해서 함께 공부해 보는 건 어떨까?"라고 얘기했을 때 "지금 이 상황에 무슨 전통문화 공부야! 하고 싶으면 당신이나 해"라고 대답하는 건 원수가 되는 대화입니다. 그렇게 되면 말을 꺼낸 사람이 굉장히 무안하면서 상처를 받습니다.

"정말 멋진 일이네" "해보자"라고까지 답하지 않아도 됩니다. "나는 별로 하고 싶지 않지만, 당신이 배우게 되면 그 시간에는 내가 집안일을 챙길게"라고 지지해 주기만 해도 됩니다.

만일 상대가 어떻게 했으면 좋을지 모르겠다고 할 때는 "혹시 내 의견을 얘기해도 될까?"라는 식으로 상대의 의견을 존중하며 조심스럽게 묻습니다. 그리고 의견을 말해 줍니다.

이런 식으로 대화하면, 대화가 술술 이어지고, 많은 경우 상황이 해결됩니다. 그리고 서로가 굉장히 가까워진 느낌이 듭니다. 그리고 세상에서 내 남편이, 내 아내가 가장 소중한 존재라는 사실이 피부로 느껴질 것입니다. 물론 정서통장도 쌓이겠지요.

아내가 옆집 사람과 다투고 나서 '우리 남편만 와봐라. 다 일러바쳐야지' 하고 생각합니다. 그리고 남편이 오면 "오늘 옆집 아줌마 때문에 스트레스 엄청 받았어"라고 말합니다. 그럴 때 대부분의 남편들은 "결론만 말해 봐" 하고 반응합니다. 그러면 아내 입장에서는 얘기하고 싶은 마음이 싹 가십니다. 이것이 바로 원수가 되는 대화입니다. 아니면 "밥이나 먹자. 배고파"라고 말한다면, 멀어지는 대화입니다.

반면에 아내가 한참 이야기를 할 때 "정말 짜증 날 만했겠다" 또는 "정말 그 사람 고약하네"라고 공감해 주면 부인은 스트레스가 풀리고, '역시 우리 남편밖에 없다'라고 안심이 됩니다. 그러면서 남편과의 유대감도 깊어지겠지요.

무관심, 냉소, 훈계, 설교, 비난, 적을 두둔하는 말투 등은 다가가는 대화에 있어서 금물입니다. 하지만 일상 속에서 자기도 모르게 이런 말을 하는 경우가 적지 않습니다.

부인이 이렇게 말을 겁니다. "아…… 요즘 너무 지치고 힘들다." 그럴 때 남편이 "내가 보기에도 당신 많이 지쳐 보여."라고 이야기해 주면 아내의 마음이 다가가죠. 이렇게 다가가는 대화로 수용과 경청을 해주면 마음이 정말 가까워집니다.

이번에는 남편이 얘기합니다. "오늘 김 과장 때문에 화가 머리끝까지 났어." 이럴 때 부인이 "화났었어? 무슨 일인데?" 이렇게 작은 관심만 보여줘도 남편은 속으로 '우리 부인 최고!'라고 생각하게 됩니다.

다가가는 대화 연습하기

오늘 당장 상대에게 다가가는 대화를 연습해 보세요. 상대가 나한테 말걸기를 해올 때 다가가는 대화로 응합니다. 그러면 상대도 대개는 다가가는 대화를 해옵니다.

간혹 기대와 달리 다가가는 대화가 아니라 멀어지는 대화나 원수가 되는 대화로 반응이 온다면 원인은 둘 중 하나입니다. 아직 구체적으로 다가가는 대화의 방법을 모르거나, 아니면 아직 두 사람 사이에 긍정적인 감정이 충분히 쌓여 있지 않기 때문입니다. 그래서 먼저 배우고 먼저 준비된 사람이 긍정성을 높이는 '작은 일을 자주' 하는 노력을 기울여야 합니다. 저울이 긍정으로 기울어지는 티핑포인트가 일어날 때까지 말입니다.

'내가 한 번 했으니까 저쪽에서도 한 번 와야지' 하고 기대했다가 실망하기보다는 상대가 어떻게 반응하더라도 내가 계속해서 다가가는 대화를 시도하면 상대도 결국은 다가가는 대화로 반응하게 됩니다.

다가가는 대화는 꼭 부부나 연인 사이가 아니라도 할 수 있고 효과를 볼 수 있습니다. 습관적으로 다른 사람의 결점부터 보며 불평을 터뜨리는 시어머니가 있습니다. 명절에 도로가 막혀 5시간 만에 시댁에 도착하자, 시어머니의 첫 말걸기가 "왜 이렇게 늦게 왔냐?"입니다. 이때 원수가 되는 대화로 대응할 것이냐, 멀어지는 대화로 반응할 것이냐, 아니면 다가가는 대화로 반응할 것이냐는 각자의 선택입니다.

각 경우를 슬라이딩 도어 모멘트로 살펴보겠습니다.

스트레스를 유발하고 관계를 망치는 대화법을 택했을 경우

시어머니 : 왜 이렇게 늦게 왔나?

며느리 : 차가 얼마나 막혔다구요! 어머님은 운전을 못 하시니까 도로 사정을 잘 모르시잖아요. 명절에 한번 오려면 새벽부터 얼마나 스트레스 받는다구요.

시어머니 : 그러니까 일찍일찍 출발하라고 했잖냐. 그래, 난 운전도 못한다. 운전 잘하는 네가 좀 일찍 서두르면 안 되나?

며느리 : 어젯밤까지 전 부치고 오늘 새벽 6시에 출발한 거예요. 그 이상 얼마나 더 일찍 출발하라구요?

시어머니 : 개 밥은 줬냐? (멀어지는 대화)

며느리 : 어머니는 저보다 개가 더 중요하세요? (원수가 되는 대화)

시어머니 : 방부터 닦고 저기 설거지 해놔야 상차릴 때 그릇 안 모자란다.

며느리 : (속으로 서러움과 울분을 삭이며) 이러니까 명절증후군이 생기지. 내가 명절에 여기 다시 오나 봐라. 추석 때는 해외 여행 가야지.

관계를 돈독히 하는 다가가는 대화법을 택했을 경우

시어머니 : 왜 이렇게 늦게 왔나?

며느리 : 네, 어머님, 저희가 늦어서 많이 기다리셨지요? 차가 많이 막혔어요!

시어머니 : 그래, 고생 많았다. 직장 다니느라 피곤할 텐데 명절이라고 쉬지도 못하고 먼 길 오느라 피곤하지? 배고플 텐데 우선 녹두전 좀 먹어볼래?

며느리 : 어머님도 며칠 전부터 음식 장만하시느라 힘드셨겠어요. 그래도 어머님 음식 맛은 아무도 흉내를 못 내요. 잘 먹을게요. 고맙습니다.

시어머니 : 나도 너희가 맛있게 먹을 걸 생각하면 피곤한 줄 모르겠더라.

며느리 : 어머님, 고맙습니다. 다음엔 좀더 일찍 와서 어머님 도와드리면서 음식 하는 것도 배울게요.

시어머니 : 말만 들어도 고맙고 기특하구나.

며느리 : (마음속으로) 다음엔 어머님 좋아하시는 나훈아 CD라도 사다드려야지.

우리 부부만의 의식과 신호 만들기

이처럼 사랑의 지도 그리기, 호감·존중 쌓기, 다가가는 대화하기 등을 시도하는 것은 정말 중요합니다. 하지만 어느 날 느닷없이 상대를 붙잡고 "오늘 우리 사랑의 지도를 그립시다"라고 한다고 해서 제대로 되는 게 아닙니다.

또한 억지로 한다 해도 일회성으로 끝나기 쉽습니다. 사랑의 지도 그리기나 호감·존중 쌓기, 다가가는 대화하기, 스트레스 관리하기 등을 상시적으로 할 수 있도록 하나의 '의식'으로 만들어야 합니다.

부부간의 긍정적인 관계 형성을 위한 행동들 역시 하나의 의식으로 만들면 반복적으로 쉽게 실천할 수 있습니다. 그것이 결국 그 가정의 문화가 되기도 합니다.

예를 들어, 한 사람의 음성이 격해진다 싶으면 상대가 손바닥을 펴서 드는 겁니다. 그 신호를 주면 상대는 자신의 음성이 격해졌다는 사실을 깨닫고 음성을 낮춥니다. 그렇게 하면 상대를 비난하지 않고 상황을 개선할 수 있습니다. 그 덕분에 분위기가 유머러스해질 수도 있습니다.

아니면 이렇게 할 수도 있습니다. "그만 하자. 타임아웃!" 이렇게만 해도 상황이 격해지는 것을 막을 수 있습니다. 이런 것들이 모두 두 사람의 의식입니다.

저희 부부에게도 의식이 있습니다. 제가 매일 3분 정도 남편의 발을 마사지해 주는 의식입니다. 제가 마사지를 잘해서가 아니라 쓰다듬어만 줘도 남편에게는 비타민을 공급받는 듯한 효과가 있기 때문입니다.

제가 남편에게 발 마사지를 해주게 된 계기가 있습니다. 12년 전쯤 덕성여대 교환교수로 한국에 체류했을 때의 일입니다. 한번은 초등학교 동창을 만났는데 제가 너무 바빠서 이야기를 오래 나누지 못하고 헤어지게 됐습니다.

그러자 친구가 저에게 이렇게 말했습니다. "네가 너무 바쁘고 힘든 것 같은데, 잠깐만 앉아 있어봐. 내가 요새 발 마사지를 배웠는데, 식구들에게 해주니까 참 좋은 것 같아. 내가 해줄게." 극구 사양을 했는데도 정말 해주고 싶다고 해서 결국 마사지를 받았습니다. 그런데 친구가 발을 마사지해 주는 동안 너무 바빠 여유가 없던 마음이 눈녹듯이 사라지고 눈물이 나더군요.

그때 어떻게 보면 더러운 부위인 발을 거리낌 없이 손으로 마사지해 주는 것은 우리가 다른 사람에게 해줄 수 있는 무척 순수하고 겸허한 선물이라는 점을 느꼈습니다. 그래서 그때부터 저도 남편에게 매일 3분 정도 발 마사지를 해주기 시작했습니다. 그것이 우리 부부만의 하나의 의식입니다.

뭔가 의견 충돌이 있던 날이라도 저녁에 발을 만져주면서 허심탄회하게 대화를 나누면 안 좋았던 감정도 쌓아두지 않고 풀 수가 있습니다.

자기 가족만, 자기 부부만 행하는 그런 의식이 있다는 사실은 굉장히 큰 결속력을 갖게 합니다. 그런 문화가 10년, 20년 쌓이다 보면 견고한 안정감이 생깁니다.

가트맨 박사와 부인의 의식 중 하나가 아침에 헤어졌다가 저녁에 다시 만나면 "잘 지냈어?" 하고 6초간 키스를 하는 것이라고 합니다. 6초는 상당히 깁니다. 그 사이에 굉장히 많은 감정들이 오고갈 수 있고, 두 사람이 하나라는 느낌을 가질 수 있습니다.

'오늘 밤에 부부관계를 가질 것이냐, 말 것이냐'도 눈치보고 하지 말고, 신호를 주고받을 수 있으면 좋습니다. 그런 신호를 의식으로 만들어두는 겁니다. 그런데 그런 신호를 받았지만 본인은 원하지 않을 경우가 있겠죠. 그럴 때 상대에게 상처를 주지 않고 거절하는 방법도 의식으로 만들어놓으면 효과적입니다.

의식은 합의를 거쳐서 만들어야 한다

사랑의 지도를 그리고, 호감과 존중을 쌓고, 다가가는 대화를 할 수 있는 의식을 만들려면 먼저 부부가 그 부분에 대해서 합의해야 합니다.

예를 들어 어떤 책에 로맨스와 열정을 불러일으키는 방법으로 '저녁 식사 때 촛불을 켜라'가 있어서 아내가 식탁에 촛불을 켜놨습니다. 그런데 남편이 "전깃불 나갔나?" 하고 반응한다면 촛불 켜기는 이 부부의 의식이라고 할 수 없습니다.

먼저 상대에게 어떤 의식을 해보자고 제안하고, 상대도 '한번 해보자'고 동의해야 합니다. 그렇게 꾸준하게 하면서 의식이 변형·발전될 수도 있고, 하다 보니 잘 안 맞아서 다른 의식으로 바꿀 수도 있습니다.

한편, 이런 의식을 부자연스럽게 느끼는 사람도 있을지 모릅니다. 일정한 의식으로 정해놓으면 마치 의무 같아서 답답하게 느끼는 것이죠. 그런 경우, 상대의 관점을 일단 받아들여줍니다. 상대에게 부담 주지 않으면서 내 욕구를 충족시키려면 창의력이 필요합니다.

상대가 '이렇게 하자, 저렇게 하자' 하고 말하는 것을 싫어한다면, 특정한 행동을 그냥 시도해 보세요. 몇 번 하다 보면 어느덧 상대도 익숙해져서 그것이 일상에서 빠지면 허전해집니다. 그래서 계속 찾게 됩니다. 단, 한꺼번에 몇 가지를 동시에 시작하기보다 한번에 한 가지씩 하는 게 좋습니다.

의식은 절대 거창한 것이 아닙니다. 생활 곳곳에서 언제나 행할 수 있습니다. 가장 쉬운 것 한 가지부터 시작해 보세요. 저희 부부는 저녁에 집에서 만났을 때 "나한테 오늘 제일 기분 좋았던 일은?" 그리고 "제일 힘들었던 일은?" 이렇게만 물어봐도 나머지는 다 그 안에 포함되니까 서로의 하루를 어느 정도 알 수 있습니다.

또는 아침에 출근하면서 헤어질 때 3초만이라도, 아니면 2초만이라도 포옹을 한다든지 키스를 하는 것도 좋습니다. 아니면 자기 전에 손을 잡고 잔다든지 하는 것도 하나의 의식이 될 수 있습니다.

Summary

🍂 관계를 결정하는 3가지 대화법
- 다가가는 대화 : 상대의 입장을 수용하고 공감한다.
- 멀어지는 대화 : 상대의 말과 상관없이 다른 화제로 돌린다.
- 원수 되는 대화 : 상대의 말을 반박하거나 비웃는다.

🍂 다가가는 대화의 특징
- 상대로부터 다가가는 대화를 이끌어낸다.
- 스트레스를 줄여준다.
- 두 사람 사이에 호감과 존중을 높여준다.

🍂 다가가는 대화를 잘하는 법
- 우선 공감하며 들어준다.
- 관심과 열의를 보이고 상대를 존중하며 대화한다.

🍂 부부간의 의식 만들기
- 두 사람만의 관계를 발전시킬 수 있는 '의식'을 만들자.
- 의식을 만들기 전에 그에 대해 합의를 이루어야 한다.
- 의식에 대한 생각이 다른 경우, 창의적으로 상황을 해결하자.

Chapter 08

긍정적 감정이 밀려오게 하기

이번에는 긍정적 감정의 밀물 현상에 대해 살펴보겠습니다. '긍정적 감정의 밀물 현상'이란, 평소에 긍정적 감정이 쌓여 있어서 같은 일도 좋은 쪽으로 인식되거나 좋게 보려는 마음이 드는 상태입니다.

긍정적 감정의 밀물 현상은, 관계에 있어서 문제 해결이나 갈등의 보수작업 등을 수월하게 해주기 때문에 대단히 중요합니다.

앞서 관계의 달인들은 상대에 대해 긍정적 감정이 부정적 감정보다 평소에는 20배, 싸울 때조차도 5배를 유지한다고 했습니다.

다행스러운 점은 긍정적 감정을 쌓기 위해 대단한 기술이 필요하거나 돈과 시간이 많이 들지 않는다는 점입니다. 평소 작은 일부터 긍정적으로 보는 연습을 하면 누구든 서로의 존재를 즐거워하면서 행복하게 살 수 있습니다.

긍정적 감정의 밀물 현상의 반대는 부정적 감정의 밀물 현상입니다. 사소한 일에도 화가 치밀어 오르거나 쉽게 짜증이 나고 적개심이 생기고 절망감에 휩싸이는 것은 부정적 감정의 밀물 현상 때문입니다. 가트맨 박사는 이것 또한 습관이라고 말합니다.

부정적 감정의 밀물 현상

부정적 감정은 부정적 인식의 습관이 낳는 결과인데, 사람들이 이러한 감정을 품게 되면 대개 경멸적인 태도를 취하면서 신병들의 막사를 점검하는 하사관처럼 행동합니다. 눈을 비스듬히 내리깔고 주변을 둘러보면서 깨끗이 닦아놓은 군화, 티끌 하나 없는 바닥, 잘 정리된 침구 등 잘한 점은 당연시하며 넘어가고, 반대로 아무리 사소해도 잘못된 점은 걸러내어 꾸짖는 것이죠.

부정적 감정은 또다른 부정적 감정을 불러일으키기에 점점 더 나쁜 쪽으로 감정이 쏠리며 파괴적인 행동을 하게 만듭니다. 제대로 처리되지 못한 부정적 감정들은 마음속에 쌓여 있다가 사소한 일에도 즉시 파도처럼 밀려와 이성을 마비시키는 감정의 홍수를 일으키기도 합니다. 그렇게 되면 사람들은 상대에 대해 쌓여 있던 분노, 억울함, 실망감, 짜증이 몰려와서 모기 보고 칼 빼드는 장군같이 하찮은 일에도 세상을 끝장 낼 것 같은 기세로 공격합니다. 아니면 슬픔과 절망감으로 우울의 심연에 빠집니다.

따라서 상황을 미처 다 파악하기도 전에 최악의 시나리오로 해석해 버리는 경우가 종종 있습니다. 예를 들어, 모처럼 연극을 보러 가기로 했는데 아내가 약속시간이 다 되어도 나타나지 않습니다. 자신은 직장 상사의 눈치를 보면서도 시간에 맞춰 도착하느라 애를 썼는데, 자기보다 공연장에서 가까운 곳에서 일하는 아내가 늦게 오니 안 좋은 생각들이 떠오릅니다.

'날 뭘로 보는 거야? 자기가 먼저 보자고 졸라대고서는! 바쁜 나를 끌어내서 고생시켜? 보고 싶으면 저 혼자 볼 것이지! 다시는 같이 공연

보러 가나 봐라!'

생각할수록 부아가 치밀어 오릅니다. 그러다가 아내가 헐레벌떡 뛰어오자 아내를 향해 퉁명스럽게 쏘아붙입니다. "당신 혼자 봐! 난 집에 가서 축구나 볼 거야."

아내에게 왜 늦었는지, 무슨 일이 있었는지 물어보거나 들을 마음의 여유가 이미 사라진 것입니다. 둘 사이는 순식간에 얼음장처럼 차가워집니다.

여자들의 경우 임신, 출산, 육아를 전후로 섭섭하거나 슬프거나 외로운 경험을 하면 기억에 오래 남고 그 상처가 잘 치유되지 않는 예가 종종 있습니다. 임신이나 출산을 했을 때는 뇌에서 기억을 처리하는 해마라는 부위가 다른 때보다 예민해져서 이때 받은 상처를 제대로 치료해주지 않으면 두고두고 기억에 남아 덧나고 곪을 수 있습니다.

긍정적 감정의 밀물 현상

평소에 행복한 관계의 기초가 제대로 구축되어 있어야 한다

긍정적인 감정의 밀물 현상이 일어나려면 평소에 사랑의 지도 그리기, 호감·존중 쌓기, 감사, 다가가는 대화를 많이 해두어야 합니다. 그리고 긍정적 감정이 쌓여 있느냐 그렇지 못하냐에 따라서 우호적인 문제 해결과 성공적인 보수작업 여부가 결정됩니다. 그렇기 때문에 평소에 긍정적 감정을 쌓아두는 것은 무척 중요합니다.

가트맨 박사가 주장하는 행복한 관계의 원칙인 '작은 일을 자주 하라(small things often)' 기억나시죠? 작은 일에 자주 호감과 존중, 감사를 표현하면 문제가 생겼을 때 원활하게 해결할 수 있습니다. 비록 해결되지 않더라도 싸우고 났을 때 서로 감정이 상하거나, 꼴도 보기 싫거나, 분하고 억울하거나, 화가 나고 절망적인 상태가 되지는 않습니다. 이미 긍정적인 감정이 바탕을 이루고 있기 때문입니다.

저희 부모님은 관계의 달인이셨습니다. 그래서 저는 어린 시절엔 모든 부부가 저희 부모님처럼 사는 줄 알았습니다.

돌이켜보면 아버지가 어머니 칭찬을 참 많이 하셨습니다. 식사를 하실 때는 "정말 너희 엄마는 머리가 좋다. 음식 솜씨도 참 좋고. 항상 이렇게 새로운 반찬을 해주고……" 그런 말을 듣고 열심히 하지 않을 사람이 어디 있겠습니까? 그 덕분인지 어머니는 반찬을 해도 신나서 노래를 부르면서 하시고, 청소도 노래를 부르면서 하셨습니다.

그래서 저는 살림이 굉장히 재미있는 것인 줄 알았습니다. 그런데 지나고 나서 보니, 어머니가 그런 일들이 재미있어서 그렇게 열심히 하셨던 게 아니었던 것 같습니다. 칭찬을 받으니까 신이 났던 거지요.

그렇다고 부모님이 결점이 없는 분들은 아니었습니다. 아버지는 어린아이처럼 단순하고 화를 잘 내기도 하셨습니다. 어느 날 아버지가 중요한 메모를 적어둔 작은 수첩이 없어진 일이 있었습니다. 처음에 아버지는 수첩을 본 사람이 있는지 좋게 물어보셨는데, 본 사람이 없고 계속 찾아도 나타나지 않으니까 점점 화가 나셨습니다.

그런데 아버지가 폭발하기 직전에 어머니가 갑자기 당시 TV 드라마에 나오던 상궁 흉내를 내면서 "상감마마! 고정하시옵소서" 하더니 수

첩을 못 찾아서 미안하다고 "소인 죽을죄를 지었나이다!"라고 이야기하시는 겁니다.

그러자 아버지는 웃으면서 "내가 너희 엄마 때문에 화도 못 내겠다. 너희 엄마가 이렇게 현명하다. 이렇게 재미있고 유머가 많다"라고 말씀하셨습니다. 결국 상황은 그렇게 웃음으로 일단락되었습니다.

아버지가 화를 잘 내셨지만 어머니가 느긋하고 유연하게 받아주셔서 금방 풀어지셨기 때문에 무섭거나 불안하지 않았습니다. 대개 화를 먼저 내셨던 아버지가 무조건 자신이 잘못했다고 하셨고 어느 날은 "너희 엄마가 지혜로워서 내가 공처가가 되었다"라며 웃으셨습니다.

지금 생각해 보면 평소에 두 분 사이에 긍정적인 감정의 교환이 많이 이루어졌기 때문에 그런 일들이 가능했던 것 같습니다.

긍정적 감정의 밀물 현상은 우호적인 문제 해결과 보수작업에 필수다

가트맨 박사는 갈등 상황에서 유머를 구사했을 때 유머가 통하느냐, 안 통하느냐 하는 것은 평소에 서로 긍정적인 감정을 얼마나 쌓아놓았는지와 관련된다고 말합니다. 긍정적인 감정이 부정적인 감정보다 최소한 20배는 더 쌓여 있어야 유머가 통한다는 것입니다.

남편이 평소 집안일도 도와주고, 매일 저녁 수고했다고 서로 어깨도 주물러주는 등 작은 일에서 긍정적 감정을 쌓았어야 합니다.

부창부수라는 말이 있지요. 저희 부모님은 어머니가 얘기하시면 아버지가 긍정적으로 받아주시고, 아버지가 말씀하시면 어머니가 농담을 던지면서 이야기하곤 하셨습니다.

아버지는 빨래도 함께 개는 등 집안일을 많이 도우셨습니다. 지금은 그런 일이 별것 아니지만 옛날에는 참 별스런 행동이었지요. 그때 TV

에서 공처가라는 말이 한참 유행이었는데, 우리가 "아버지 공처가시죠?" 하고 물으면 "그래, 나는 공처가다. 아내를 무서워하는 공처가가 아니라 아내를 공경하는 공처가다"라고 말씀하셨습니다.

그러면 저희가 또 "아버지는 우리가 좋아요, 엄마가 더 좋아요?" 하고 여쭈었습니다. 그러면 한참 생각하시다가 "그래도 엄마를 먼저 사랑했고, 엄마가 너희를 낳았으니까 엄마가 먼저겠지?" 하고 대답하곤 하셨습니다.

그런 답을 들으면 순간적으로 섭섭하면서도 상당히 안심이 됐습니다. 다행히도 저는 '오늘 부모님이 싸우지 않을까? 오늘 엄마가 울지 않을까?' 하는 걱정을 하지 않고 자랄 수 있었습니다. 그런 점이 저에게는 몇십억의 돈보다 더 소중한 유산이라고 생각합니다.

부정적 감정의 최소 5배 정도 긍정적 감정을 쌓아야 한다

세상을, 상대를 부정적으로 보면 당연히 긍정적인 감정이 쌓일 수가 없습니다. 긍정이 긍정을 불러내고, 그렇게 긍정적 감정이 쌓이다 보면 부정적인 일이 발생하더라도 긍정적 감정이 밀물처럼 밀려와서 그것을 덮어주고 씻어줍니다.

실수하고, 오해하고, 화를 내고, 놀라더라도 긍정적 감정이 그 모든 것을 씻어주고 잊어버리게 합니다. 그래서 평소에 긍정적인 감정을 많이 쌓는 게 정말 중요합니다.

한편 그런 사실을 머리로는 이해할 수 있지만 정작 상대를 마주하면 자꾸 화가 치밀어 올라서 실천하기가 어렵다는 사람들이 있습니다. 싫은 감정을 누르고 좋은 척하는 것이 가식적이고 부자연스러워서 못하겠다고도 합니다.

왜 그럴까요? 가트맨 박사가 그런 부부들을 만나본 후 원인을 분석해 보았습니다. 머리가 나쁜가? 나이가 많은가? 경제 수준 탓인가? 어릴 때 자란 환경 탓인가?

이런 요인들을 하나하나 점검해 보았지만 별다른 상관관계가 도출되지 않았습니다. 그래서 다시 한 번 정밀 분석을 해본 결과, 평상시에 사랑의 지도, 호감과 존중, 다가가는 대화가 충실하지 못하면 긍정적 감정이 쌓이기 어렵다는 것을 발견했습니다.

따라서 긍정적 감정 대신 부정적 감정이 올라온다면 사랑의 지도 그리기, 호감과 존중 쌓기, 다가가는 대화하기부터 다시 실천해야 합니다. 닭이 먼저냐, 달걀이 먼저냐를 논해봤자 달라질 건 없습니다. 닭부터 키우든 달걀을 부화시키든 일단 실천을 하면 선순환으로 방향이 전환됩니다.

긍정적 감정은 관계 속의 작은 순간들로 만들어진다

앞에서부터 거듭 강조했지만, 우호감과 애정은 작은 순간들이 쌓여서 형성됩니다. 큰일 한두 가지로 되는 것이 아닙니다. 일상의 작은 순간들이 부부 사이에 로맨스를 만들어내고, 믿음을 만들어냅니다.

일상 속에서 사랑의 지도 그리기, 호감과 존중 쌓기, 서로 다가가는 대화하기를 실천하지 않으면 성생활도 제대로 이루어지지 않습니다. 가트맨 박사는 전희는 침대에서 이루어지는 게 아니라고 말합니다. 대신 하루 종일 부엌, 거실, 현관 등에서 이뤄지는 긍정성의 총합으로 이루어진다고 말합니다.

요즘 섹스리스 부부가 많다고 하지요. 의학적으로 문제가 있지 않은 한 대부분의 섹스 트러블은 서로를 잘 모르거나, 서로에게 호감과 존중을 표현하지 않거나, 친밀감이나 신뢰가 형성되지 못한 것이 이유입니다

다. 그래서 성생활이 아주 무미건조하고 회피하게 되는 겁니다.

결국 사랑의 지도, 호감과 존중, 다가가는 대화 등 '행복의 집'의 하위 세 단계가 튼튼해야 긍정적 감정이 쌓이고 제대로 된 성생활도 가능해 집니다.

Plus

만족스러운 성생활의 기초

'사람들은 도대체 어떻게 성생활을 하는가'에 대해 최초로 과학적 으로 연구한 사람이 킨제이(Alfred Kinsey) 박사와 매스터스(William Masters) 박사입니다. 그들과 친분이 있던 가트맨 박사는 그들의 연구 자료 중에서 동물들의 성행동에 대한 자료가 무척 흥미로웠다고 합니다.

특히 고슴도치의 행동이 재미있었는데, 수컷 고슴도치는 교미를 하기 전에 암컷 고슴도치에게 다가가서 얼굴을 쓰다듬어준다고 합니다. 한참 쓰다듬어주면 암컷의 털이 부드러워지는데, 그때 교미를 시작한다는 것입니다.

고슴도치가 얼굴을 쓰다듬어주듯이 인간도 사랑의 지도, 호감·존중, 감사, 배려, 다가가는 대화 등을 통해 긍정적인 감정을 쌓아야 성생활이 원만하고 만족도가 높아진다고 합니다.

한편 가트맨 박사의 친구 중에 성치료사가 있었는데, 그는 성생활에 만족하는 커플과 만족하지 못하는 커플 간의 차이를 알아보고자 연구를 시작했습니다.

처음에는 미모, 건강, 연령, 나이, 성격, 성경험 등이 차이를 만드는 요인이 아닐까 가정했는데, 놀랍게도 (사실 그의 표현을 빌자면 '실망스럽게도') 이런 요인들은 성적 만족도와 무관하다는 결론이 나왔다고 합니다.

성생활의 만족도는 서로에 대해서 얼마나 잘 아는가(사랑의 지도), 서로 얼마나 호감과 존중을 자주 표현하는가(호감과 존중 쌓기), 그리고 서로 얼마나 스트레스를 줄여주는 대화를 하는가(다가가는 대화), 이 3가지가 결정적인 역할을 한다고 했습니다.

따라서 가트맨 방식에서는 성생활에 문제가 있다면 사랑의 지도 그리기와 호감과 존중 쌓기, 다가가는 대화하기 등부터 다시 시작하라고 권합니다.

Summary

🍃 '긍정적 감정의 밀물 현상'이란

- 평소에 긍정적 감정이 쌓여 있어서 같은 일도 좋은 쪽으로 인식되거나 좋게 보려는 마음이 드는 상태이다.
- 긍정적 감정의 밀물 현상은 평상시에 사랑의 지도 그리기, 호감·존중 쌓기, 다가가는 대화하기가 잘 구축되어야 일어난다.
- 긍정적 감정이 쌓여 있느냐 그렇지 못하느냐에 따라 보수작업이 성공적으로 이루어질 수 있는지, 문제 해결을 우호적으로 이룰 수 있는지 등이 결정된다.
- 긍정적인 감정은 로맨스, 열정, 만족스러운 성생활의 기초이기도 하다.

EXERCISE

다음은 부정적 감정의 밀물 현상 정도를 알 수 있는 진단검사입니다.
각 문장을 읽고 '그렇다' 또는 '아니다'에 동그라미를 하세요.

나는 최근에 관계에서

	그렇다	아니다
1. 상처를 받았다고 느낀 적이 있다.	☐	☐
2. 오해받는 기분이 든 적이 있다.	☐	☐
3. '내가 이걸 할 필요는 없는데'라고 생각한 적이 있다.	☐	☐
4. 발생한 문제의 책임에 대해 결백하다고 느낀 적이 있다.	☐	☐

5. 스스로 '그냥 나가서 사라져버리자'라고 생각한 적이 있다. ☐ ☐
6. 화가 난 적이 있다. ☐ ☐
7. 크게 실망한 적이 있다. ☐ ☐
8. 부당한 비난을 받은 적이 있다. ☐ ☐
9. 배우자가 그러한 일들에 대해 말할 자격이 없다고 생각한다. ☐ ☐
10. 좌절하고 실패한 적이 있다. ☐ ☐
11. 상대의 공격에 맞대응하고 싶었던 적이 있다. ☐ ☐
12. 질문 공세를 피하고 싶었다. ☐ ☐
13. 복수하고 싶은 감정을 느낀 적이 있다. ☐ ☐
14. 나 자신을 보호하고 싶었던 적이 있다. ☐ ☐
15. 배우자의 불평을 무시한 적이 있다. ☐ ☐
16. 배우자가 나를 조종한다고 느낀 적이 있다. ☐ ☐
17. 배우자가 교묘한 속임수를 사용한다고 느낀 적이 있다. ☐ ☐
18. 부정적인 일들이 더 이상 지속되지 않고 멈추기를 원한다. ☐ ☐

* 이 검사는 현재 내가 어떤 부정적 감정을 느끼는지, 그것이 무엇과 연관되는지, 부정적 감정을 느낄 때 어떤 언행을 하는지, 긍정성을 높이려면 무엇을 어떻게 해야 하는지를 배우자나 상담자와 논의하는 출발점으로 사용하면 좋습니다.

Part 03

행복한 부부는
지혜롭게 공존한다

Chapter 09

부부간의 풀리지 않는 문제 다루기

부부관계에서 갈등은 피할 수가 없습니다. 아무리 잉꼬부부라고 해도 갈등이 전혀 없지는 않을 겁니다.

가트맨 박사도 처음에는 '관계의 달인'들은 갈등이 전혀 없거나, 있더라도 갈등을 쉽게 풀어가면서 살 거라고 예상했습니다. 그러나 3,000쌍 이상의 부부를 36년간 추적해 보니, 모든 부부가 관계의 달인들까지도 다투며 살아가고 있었습니다. 그리고 대부분의 부부들이 신혼 때나 결혼 5년 후, 10년 후, 심지어 30년이 지난 후에도 같은 주제로 다툰다는 사실을 발견했습니다.

또 하나 중요한 발견은 모든 부부에게는 해결되는 문제가 있고 아무리 노력해도 해결되지 않는 문제가 있다는 사실이었습니다.

어떤 문제가 풀리고 어떤 문제가 해결이 안 되는 것일까요? 그중에서도 특히 오랫동안 풀리지 않는 문제는 무엇이며 그 이유가 무엇인지, 그리고 그런 문제들을 어떻게 대처해야 하는지 이해하고 실천하는 데서 부부 갈등의 해법이 시작됩니다.

여기서 중요한 사실은, 갈등의 구체적인 주제들은 집집마다 다를 수 있다는 점입니다. A라는 문제가 어떤 집에서는 풀리는 문제일 수 있고,

다른 집에서는 풀리지 않는 영속적 갈등 주제일 수도 있습니다.

예를 들어 어떤 집은 아이를 조기유학 보낼 것이냐 말 것이냐가 간단한 논의를 통해 정리될 수 있는 '풀리는 문제'인 반면, 다른 집에서는 그 문제만 나오면 돈문제, 교육철학, 친구들과의 자존심 대결, 아이의 성공에 대한 기대와 불안 등이 뒤엉켜 매번 지치도록 싸우고도 제자리를 맴도는 '안 풀리면서도 감정적 대립이 크고 심각한 문제'일 수 있습니다.

풀리는 문제와 풀리지 않는 문제

풀리는 문제란?

가트맨 박사의 연구에 따르면, 인종이나 민족, 학력, 수입 등과 무관하게 모든 부부들이 지닌 문제의 31퍼센트 정도는 풀리는 문제입니다.

풀리는 문제는 상황에 따라 발생하는 문제이고, 그때그때 해결되는 문제입니다. 영속적으로 되풀이되는 문제가 아닙니다. 그리고 한쪽이 양보를 하더라도 마음속에 앙금이나 상처가 남아 있지 않습니다.

그만큼 풀리는 문제에는 깊은 의미가 내재되어 있지 않습니다. 어떤 뼈아픈 사연이나 깊은 상처와도 관련이 없습니다.

풀리지 않는 문제(영속적 갈등 주제)란?

부부간의 문제 중 나머지 69퍼센트는 풀리지 않는 문제입니다. 즉 이 세상의 모든 부부들에게는 영속적 갈등의 주제들이 있습니다. 풀리지 않는 문제는 상황과 무관하게 두 사람 사이에서 계속해서 고개를 드는 문제입니다.

때에 따라서는 깊은 상처가 내재되어 있어서 지겹게 싸우면서도 해결의 기미가 전혀 안 보이기도 합니다. 이 문제만 거론되면 비난받고 거부당하며 이해받지 못하는 기분이 들어서 억울하고 불쾌하고 슬프고 화가 납니다. 둘 중 한 사람이라도 그렇게 느낀다면 이는 영속적 갈등입니다.

풀리는 문제와 풀리지 않는 영속적 갈등이 어떻게 다른지 예를 들어 보겠습니다.

시어머니 칠순이 다가옵니다. 아내 생각에는 칠순을 맞아 여행을 보내드리면 좋을 것 같아서 여행사에 전화해 알아보고 준비를 다 해놓았습니다. 그런데 남편은 부인의 얘기를 듣고 "여행은 무슨. 그냥 식구들끼리 모여서 고기나 구워먹지. 어머니는 밖에서 드시는 것을 싫어하시니까 간단하게 하자"라고 합니다.

이때 아내가 "그런데 나는 다음 주까지 회사에서 중요한 보고서를 써야 해. 그리고 애들 시험도 다가오니까 도저히 안 될 것 같아. 그냥 두 분이 여행 다녀오시게 하고 식구들은 이번 추석에 모이면 어떨까?"라고 물었을 때, 남편이 "그래? 그것도 괜찮겠네" 하면 이것은 풀릴 수 있는 문제입니다.

혹은 부인이 "그래? 내가 음식은 잘 못하지만 평소에 어머니께서 좋아하시는 걸로 대여섯 가지 정도 준비하고, 형님들도 좀 해오시라고 해서 그렇게 해볼까?"라고 하면 큰 갈등 없이 넘어가도 역시 풀릴 수 있는 문제입니다.

약간 티격태격하더라도, 얘기가 끝났을 때 그 문제에 대해 서로에게 감정의 찌꺼기가 남지 않으면 풀릴 수 있는 문제라고 보면 됩니다.

그런데 시어머니 칠순 잔치에서 시작된 이야기가 상대의 집안이 어떻고, 가정교육이 어떻고, 인륜지대사가 어떻고 하는 얘기로 번지는 경우가 있습니다.

아내가 "지금 내가 얼마나 바쁘고 힘든데 당신은 꼭 그렇게 날 괴롭혀야겠어?"라고 말한 것으로 시작해서, 남편이 "어머니 생신인데, 그것도 칠순인데 생신상 한 번 차려드리는 게 그렇게 불만이야? 그 정도도 못해?"라고 대응한다면 문제가 달라집니다. 이야기는 꼬리에 꼬리를 물다가 당신이란 사람이 어떻고, 가정교육이 어떻고, 당신 집안이 어떻고 …… 이렇게 다른 문제로 이어지면서 해결이 되지 않는다면, 꽉 막힌 정체 상태와 같은 영속적 갈등입니다.

화목하고 행복한 부부일지라도 그 관계를 깊숙이 들여다보면 서로 양보하지 못하는 부분이 있습니다. 저희 부부도 마찬가지입니다. 한 예로 저는 식탁에 반찬이 여러 가지 놓여 있는 것을 좋아하고 저희 남편은 한두 가지만 올라와 있는 것을 좋아합니다.

저는 같은 반찬이 상에 두 번 올라오지 않도록 늘 새롭고 다양한 반찬을 차려주시던 어머니의 습성이 그대로 몸에 배었습니다. 반면 남편은 열일곱 살부터 미국에서 자취 생활을 해서 그런지 반찬을 이걸 먹을까 저걸 먹을까 생각하면서 먹는 게 너무 골치 아프다고 합니다.

이런 식탁 '문화'의 차이는 결혼한 지 30년이 다 되어가도 크게 변하지 않았고, 앞으로도 별일이 없는 한 변하지 않을 것 같습니다.

그렇다고 저희 부부가 이 문제를 가지고 매번 티격태격 다투는 것은 아닙니다. "차리다 보니 또 가짓수가 많아졌네." "여러 가지 차리느라 수고해서 고마운데, 그래도 한두 가지로 먹는 게 난 더 편해." "그렇구나. 노력해 볼게." 이 정도로 반복은 될지언정 싸움을 할 정도는 아닌 것입니다.

하지만 영속적 갈등은 좀 다릅니다. 풀리지 않는 문제 중에서도 특히 서로의 입장을 고수하며 한 치도 양보하지 못하는 이슈를 '맞물려 정체된 영속적 갈등'이라고 합니다. 여기에는 감정적인 에너지가 높고 해결되지 못한 과제들이 복잡하게 얽혀 있을 수 있습니다.

한 부부가 친척 결혼식에 입고 가는 옷 때문에 문제가 생긴 경우가 있었습니다. 아내가 "여보, 그래도 예식장에 가는데 정장을 입는 게 좋지 않겠어?" 하고 말하자 남편이 "당신은 왜 옷 입기 전에 얘기하지 않고 꼭 내가 옷만 입고 나면 얘기를 하는 거지?"라고 말합니다. 그러자 아내는 "당신은 왜 상황에 맞게 옷 하나 제대로 못 골라 입어?"라며 옛날 일들을 들춥니다. 지난번 무슨 행사 때는 어땠고, 신혼여행 갈 때는 어땠고……

이런 식으로 과거에 풀리지 않았던 일들이 꼬리에 꼬리를 물고 나오면서 결국 결혼식에 가네 안 가네 하다가 "당신이나 가. 난 안 가" 이렇게 끝을 맺는다면, 이것은 영속적 갈등 주제입니다. 그 안에 어떤 다른 의미와 사연이 들어 있는 것입니다.

아내는 '옷차림이 번듯해야 사람 대접을 받는다' 또는 '남의 경조사에 아무렇게나 입고 가는 것은 집안 망신이다'라는 가르침을 금과옥조로 지키는 집안에서 자랐을 수도 있습니다. 아니면 고등학교 사은회 때 다들 한복을 입고 절하는데 자신만 교복을 입어서 아주 창피했던 적이 있었을 수도 있습니다.

반대로 남편은 '실속이 중요하지 겉치레는 쓸데없는 낭비다', '허례

허식보다 편한 마음이 중요하다'라고 믿을 수도 있고, 아내가 옷차림에 대해 지적하면 경멸당하는 느낌이 들 수도 있습니다. 아니면 아내의 통제에 대해 심각한 거부감을 느끼는 것일 수도 있습니다.

이러한 감정이나 경험은 대개 배우자를 만나기 전에 형성된 것이어서 배우자의 발언은 촉발제에 불과합니다. 또 본인들도 자신이 그 문제에 왜 그렇게 민감하고 격해지는지 모르는 경우가 허다합니다.

돈, 성(섹스), 술, 외도, 폭력, 고부갈등, 자녀교육, 종교, 그 외에 어떤 문제라도 영속적 문제가 될 수 있습니다. 그리고 앞에서 말했듯이 어떤 것이 영속적 문제인지는 집에 따라, 부부에 따라 다릅니다. 어떤 집에서는 돈이 큰 문제가 아닐 수 있지만, 어떤 집은 돈이 영속적 문제일 수도 있습니다.

이러한 영속적 갈등은 쉽게 해결되지 않고 시간이 흐를수록 서로 더 단단히 맞물리며 정체되어 결국 극심한 감정의 이탈을 가져옵니다. 그래서 다음과 같은 상황을 만듭니다.

- 서로 한치의 양보도 하지 않는다.
- 똑같은 이야기를 하고 또 해도 아무런 진전이 없다.
- 문제를 이야기할 때 애정이나 유머 등은 조금도 보이지 않는다.
- 서로 헐뜯고 경멸하고 비난하는 경지에 이르게 된다.
- 상황을 극단으로 흐르게 만든다.
- 상대로부터 거부당했다는 느낌이 든다.
- 대화가 서로에게 큰 좌절감과 상처를 남긴다.
- 감정적 거리감과 깊은 단절감으로 향하게 된다.

영속적 갈등 주제의 특징

영속적 갈등이 반복되면 같이 살아도 감정적으로 유대감이 생기기 힘듭니다. 그러면 도대체 관계의 달인들은 이 영속적 갈등을 어떻게 다루기에 서로의 존재를 즐거워하면서 안정되고 행복하게 살 수 있을까요? 관계의 폭탄들이 배울 수 있는 비결이 있을까요?

가트맨 박사가 연구하기 전까지 많은 부부상담사들은 부부문제를 '성격 차이'나 '아동기의 상처'로 분석하여 해결하려고 했습니다.

하지만 가트맨 박사는 성격 차이나 아동기의 상처뿐만 아니라 가치관의 차이, 유전자의 차이, 실존적 가치관의 차이, 환경의 차이 등 수많은 요인들이 부부 사이의 영속적 갈등과 관련된다는 것을 알아냈습니다. 그렇다면 부부들을 절망감으로 내몰기도 하는 영속적 갈등 주제는 구체적으로 어떤 특징을 갖고 있는지 살펴보겠습니다.

부부 사이의 문제 중 69퍼센트는 영속적 갈등 주제다

부부 사이의 문제 중 31퍼센트만이 해결할 수 있는 문제고, 69퍼센트는 해결할 수 없는 영속적 갈등 주제라고 했습니다. 즉, 이 세상 모든 부부 사이에는 영속적 갈등 주제가 있습니다.

예를 들어 돈에 대한 개념과 돈 쓰는 방식이 다른 것이 부부 사이의 영속적 갈등이어서 반복해서 싸우다가 결국 헤어졌을 경우, 재혼을 하면 영속적 갈등은 사라질까요? 새로운 배우자와의 사이에서는 돈 쓰는 문제가 영속적 갈등이 아닐 수 있지만, 고부 갈등, 주변 사람 문제, 거주지 문제, 술 문제, 성 문제 등 또다른 영속적 갈등 주제가 생기게 마련입니다.

각자 방호벽 속에 숨어서 서로를 비방하고 상처를 준다

이 문제만 나오면 배우자에게 거부당하는 느낌이 들고, 각자 방호벽 속에 숨어서 자기 입장만을 고수하면서 서로 비방하고 천박하게 만듭니다.

'어떻게 하면 이 사람을 꼬집어서 정신이 들게 할까'를 생각하다 보니 서로에게 몹쓸 말도 그냥 하게 됩니다. 이런 비방과 욕설이 더욱더 서로를 방호벽 속에 깊이 숨게 합니다. 결국 대화와 타협의 여지가 사라지고, 감정적인 이혼으로 치닫게 됩니다.

싸우든 안 싸우든, 이혼을 하든 안 하든, 좀처럼 풀리지 않는다

영속적 갈등 주제는 싸우든 안 싸우든, 이혼을 하든 안 하든 두 사람이 세상을 떠날 때까지 풀리지 않습니다. 지겹게 싸우고 또 싸워도 같은 지점에서 뱅뱅 맴도는 문제입니다. 아무리 싸워도 뭔가 해결되는 기분이 들지는 않고 좌절감과 상처만 깊어집니다.

결국 이혼이 답이 아니라는 교훈을 이혼대국인 미국에서 반 세기 이상의 사회적 실험 후에 얻었습니다.

각자의 유전자, 환경, 성장과정 등을 통해 오랜 기간에 걸쳐 형성된 문제다

영속적 갈등 주제는 대개 각자의 유전자, 환경, 성장과정 등을 통해서 오랜 기간 동안 형성된 것이지, 현재의 배우자와 만났기 때문에 생긴 문제는 아닙니다. 그렇기 때문에 배우자가 다른 사람이 된다고 해서 사라지지 않습니다.

해결이 아니라 '관리'에 역점을 두어야 한다

영속적 갈등 주제는 싸우든 안 싸우든, 이혼을 하든 안 하든 좀처럼 풀리지 않는다고 했습니다. 그러므로 풀려고 하지 말고 '관리'하는 데 역점을 두어야 합니다. 그런 문제가 나올 때 어떻게 표현하고, 어떻게 말을 주고받고, 어떻게 행동할까 생각하며 관리해야 합니다. 이때 '관리'란 곧 대화로, 서로의 입장을 들어주고 말할 수 있으면 됩니다.

각자의 실존적 의미, 꿈 등과 관련이 있다

영속적 갈등 주제는 뼈아픈 상처나 깊은 실존적 의미, 특별한 상징적 가치, 반드시 이루고 싶은 꿈 등과 관련되어 있는 경우가 많습니다.

결혼한 지 25년 된 대기업 CEO 부부가 있었습니다. 이 부부의 영속적 갈등 주제는 남편이 자꾸만 가방을 사 오는 것이었는데, 이 문제로 25년간 지겹게 싸우다가 이혼 직전까지 갔습니다.

93평짜리 빌라의 베란다와 벽장 등 집안 곳곳에 큰 가방, 작은 가방, 가죽 가방, 천 가방 등 여러 종류의 가방이 3단, 4단으로 쌓여 있습니다. 아내가 아무리 뭐라고 해도 남편은 출장을 갈 때마다 가방을 사 오고, 쓰레기통에 버리면 다시 주워 오고 하는 일이 반복되었습니다. 가방으로 인한 그 부부의 처절한 전쟁사는 책으로 엮을 수 있을 정도였습니다.

제가 남편을 만나서 혹시 가방에 어떤 사연이 있느냐고 묻자 이런 이야기를 들려주었습니다.

"저는 찢어지게 가난한 집에서 컸습니다. 너무 가난해서 소풍도 거의 못 갔지요. 고등학교 2학년 때 수학여행도 돈이 없어서 못 갈 상황이었는데, 형과 누나가 어렵게 돈을 마련해 줬습니다. 그런데 수학여행 날 아침에 보니 가방이 없더라고요. 할 수 없이 실로 꿰맨 누더기 책가방에 옷가지를 넣어 갔는데, 너무 창피했습니다."

그 사람이 다닌 명문 고등학교에는 부잣집 자녀들이 많았습니다. 그래서 다들 좋은 가방을 들고 왔는데, 자신만 초라한 책가방을 들고 수학여행을 가니 마음에 상처를 입었습니다. 그래서 그때 어렴풋이 '내가 이다음에 성공하면……' 하고 생각했던 것입니다.

그후 그는 명문대를 졸업하고 중매로 부잣집 딸과 결혼했습니다. 그리고 장인이 유학을 보내줘서 MBA를 취득했고, 돌아오자마자 대기업에 입사했습니다. 입사 후 처음 해외출장을 다녀오면서 마음에 드는 가방을 하나 사서 입국했는데, 그때 '내가 성공했구나. 꿈을 이뤘구나' 하는 가슴 벅찬 기분이 들면서 세상을 다 얻은 것 같았다고 합니다.

그때부터 그 사람은 출장을 가면 가방을 꼭 사 오게 됐다고 합니다. 그런데 아내가 가방에 대해 잔소리를 하니 꼭 자신의 성취감과 성공을 깎아내리는 것 같아서 화가 났다고 합니다.

결국 가방 때문에 싸움이 계속되었습니다. 아내가 공격하면 남편이 "야! 너 같은 머리로 나 같은 남편 만난 건 행운인 줄 알아!" 이런 식으로 경멸을 퍼붓고 아내는 아내대로 "개천에서 용 났다더니, 가난의 한을 푸는구나, 풀어! 네가 우리 아버지 돈이 아니었다면……" 하고 되받아쳤습니다. 그러면서 아내가 "우리 아버지가 산 집이야. 당장 나가!"라고 해버리자, 남편은 홧김에 룸살롱에 가서 여자들과 어울리는 일이 다반사였습니다. 그렇게 싸우다가 칼부림도 하고, 아내가 죽겠다고 베란다에서 뛰어내리기도 하고 이루 말할 수 없이 20년 넘게 싸웠다고 합니다.

아내를 따로 만나 남편이 어떻게 해주면 좋겠느냐 묻자 이런 얘기를 했습니다.

"제가 어렸을 때 돈밖에 모르는 아버지는 자식들한테 전혀 애정을 안 주었습니다. 모든 걸 돈으로 때우려고 했습니다. 그래서 저는 중매가 들어왔을 때 남편이 가난한 집 사람이라 더 좋았어요. 적어도 돈 가지고 그러진 않을 거라고 생각했죠. 그런데 출장 갔다 올 때면 애들 장난감은 하나도 안 사오고 만날 자기 가방만 사오고, 출세, 명예, 자기 것만 추구하니까 마치 아버지를 보는 것 같았습니다."

이 집의 영속적 갈등의 주제는 바로 가방입니다. 가방 속에 두 사람의 뼈아픈 상처와 깊은 실존적 의미가 있었던 것이죠. 각자의 실존적 가치와 이루고 싶은 꿈이 가방 안에 다 들어 있었습니다. 남편에게는 가방이 성공과 성취의 상징이었고, 아내에게 가방이란 남편의 이기적이고 독단적이고 자기중심적인 성격의 상징으로 보였던 것입니다.

저는 우선 남편으로 하여금 아내에게 가방이 자신에게 지닌 의미를 '나 전달법'으로 부드럽게 이야기하도록 권했습니다. "난 어릴 때 너무 가난했어. 점심시간에 다른 애들은 장조림에 계란 반찬 먹을 때 난 수돗가에서 맹물을 마셨어. 하늘이 노랗게 보이더라……."

예전에는 '너 전달법'으로 말했기 때문에 공격(비난)처럼 들려서 아내가 귀를 막았습니다. "너 배고파 본 적 없지? 넌 가난이 뭔지도 모르지?"라고 하면 공격받은 아내 또한 반격을 했습니다. "너희 집 가난했던 게 내 탓이야? 돈 있는 집에 장가와서 출세하고 호강했으면 됐잖아. 가난타령 그만해. 지겨워!"

그러나 '나 전달법'으로 대화 방식을 바꾸자 아내는 서서히 끝까지 남편의 이야기를 들을 수 있었습니다.

남편의 이야기를 듣자 아내는 울면서 그런 줄 미처 몰랐다고, 미안하다고 말했습니다. 그리고 아내는 자신의 속마음을 털어놓았습니다. "남들이 볼 때는 내가 부잣집 딸로 고생 하나 안 하고 큰 것 같지만, 마음고생 많이 했어요. 아버지는 만날 바람 피우고…… 그래서 당신이 룸살롱에서 나한테 전화했을 때 부모님이 싸웠던 모습이 떠오르면서 나도 또 그렇게 사는구나 생각되면서 차라리 죽고 싶었어요……." 이렇게 자기 마음을 얘기했습니다.

그렇게 각자의 입장과 관점을 얘기하고 나누면서 점차 서로를 이해하게 되었습니다. 인간 대 인간으로 다시 만나게 된 것이죠.

남편은 이제 더 이상 가방을 성공의 상징으로 여기지 않게 되었습니다. 대부분의 가방을 양로원 같은 곳에 보내고 정말 추억이 담겨 있는 몇 개만 남겨놓았다고 합니다. 그리고 아내와 교회활동과 봉사활동을 함께하며 지금은 아주 평화롭게 지내고 있습니다.

이들은 언젠가 또다른 촉발제로 인하여 오래 묵은 상처가 되살아날지도 모릅니다. 하지만 이제는 하고 싶은 말 다 하고, 갈 데까지 가는 방식이 아니라 '나 전달법'으로 부드럽게 각자의 입장을 이야기할 수 있게 되었습니다. 어쨌든 이처럼 상대의 이야기를 들어줄 수 있게 되었기 때문에 예전과는 다를 것입니다. 영속적 문제를 '관리'하는 방식을 알게 되었으니까요.

가트맨 박사의 친한 친구이자 부부치료의 대가인 댄 와일(Dan Wile)은 "한 배우자를 택하는 것은 일련의 문제 더미를 함께 택하는 것이다"라고 말했습니다.

즉 사랑하는 사람과 결혼하는 것은 그 사람이 갖고 있는 모든 문제와도 결혼하는 것이라는 의미입니다. 그 사람의 좋은 점, 그 사람과의 좋은 상황만이 아니라 그 사람이 예전부터 지니고 있던 문제를 함께 받아들이는 것입니다. 물론 그 문제점들 속에는 영속적 갈등 주제들도 다수 포함되어 있을 것입니다.

영속적 갈등 주제, 풀려고 하지 말고 관리하라

풀리지 않는 문제는 해결할 수 없다고 했습니다. 따라서 억지로 풀려고 애쓰지 말아야 합니다. 게다가 이혼으로 해결할 수 있는 것도 아니라고 했습니다.

풀려고 하지 말고, 상대를 바꾸려고도 하지 말고, 잘 관리하려고 노력해야 합니다. 영속적 갈등 주제를 관리하는 방법으로 '타원 연습'이라는 것이 있습니다. 어떤 방법인지 살펴봅시다.

'두 타원 연습'

먼저 큰 타원 안에 작은 타원을 그립니다. 우선 작은 타원 안에 '하늘이 두 쪽이 나도 포기할 수 없다' 혹은 '차라리 이 사람과 안 살면 안 살았지 이것만큼은 양보할 수 없다' 하는 내용을 넣습니다. 그리고 그것과 관련은 돼 있지만 어느 정도 양보와 타협이 가능한 내용을 큰 타원 안에 적어 넣습니다. 큰 타원에 들어가는 것은 많을수록 좋고, 작은 타원에 들어가는 것은 적을수록 좋습니다. 작은 타원에는 많아야 3가지 정도만 넣도록 합니다.

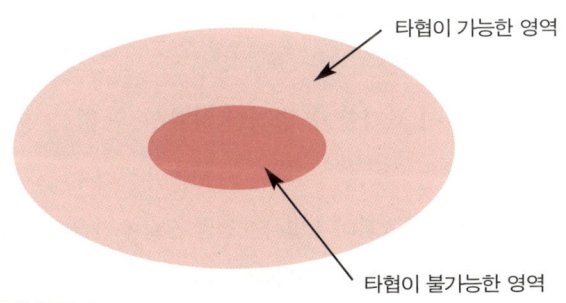

그리고 배우자와 한자리에 앉아 타원 속에 있는 문제들에 대해 이야기를 나눕니다. 작은 타원에 있는 것을 얘기할 때는 그것이 자신에게 왜 그렇게 중요한지를 얘기합니다. 이때 말하는 쪽은 철저하게 '나 전달법'으로 합니다. 앞서 예로 든 CEO 부부의 사례를 살펴보겠습니다.

남편 : 난 어릴 때 너무 가난했어. 점심시간에 다른 애들은 장조림에 계란 반찬 먹을 때, 난 수돗가에 가서 맹물을 마셨어. 수학여행 갔을 때 난 내 가방이 너무 창피했어. 그래서 이 다음에 꼭 출세해야지 하고 공부만 죽도록 했어…….

듣는 쪽은 열심히 경청하면서 수용과 공감을 해줍니다.

아내 : 그랬었구나. 정말 배가 많이 고팠겠네…… 그런 가방을 들고 수학여행을 갔으니 정말 창피했겠다.

이때 듣는 중에 가끔 순수한 질문을 할 수도 있지만 비판이나 훈계 또는 조언은 금물입니다. 어린아이가 궁금해서 묻는 정도로만 질문하십시오. 아니면 그냥 수용하며 경청하는 것만으로도 충분합니다.

아내 : 날 믿고 얘기해 줘서 고마워.

작은 타원은 자신이 포기할 수 없거나 양보할 수 없는 영역입니다.

남편 : 나의 성공에 대한 조롱이나 멸시는 정말 견딜 수가 없어. 나의 가치와 노고를 인정해 준다면 가방은 몇 개만 있어도 충분해.

아내 : 난 가정적인 아빠를 원했어. 돈으로 자식을 키우는 아빠가 가장 경멸스러웠거든. 아이들한테 돈만 보내주지 말고 관심을 좀더 가져주고, 일주일에 한 번씩은 미국에 있는 작은애한테 꼭 전화를 해주면 좋겠어.

서로 궁금한 점이 있으면 물어봅니다. 그리고 큰 타원에 있는 것들에 대해 이야기하면서는 서로 절충하고, 타협하고, 양보하고, 조화시킬 수 있는 방법을 찾아봅니다.

예를 들어 전화를 하루에 한 번 할 것이냐 한 달에 한 번 할 것이냐, 또는 집에 있는 수많은 가방 중에서 어떤 것은 계속 가지고 있고 어떤 것은 자선단체에 기부하는가 등은 양보와 타협이 가능합니다.

근본적으로 우리가 어린 시절로 돌아가지는 못하기 때문에 영속적 갈등 주제 전체를 바꾸거나 없앨 수는 없습니다. 그렇기 때문에 그런 문제를 서로 이해하고 받아들이는 노력을 기울이는 것이 중요합니다.

영속적 갈등 주제를 다룰 때 주의할 점

영속적 갈등 주제는 해결할 수는 없지만 관리할 수는 있습니다. 그런 문제를 어떻게 관리하느냐에 따라 행복한 부부가 될 수도 있고, 불행한 부부가 될 수도 있습니다. 심각하게는 이혼을 하게 될 수도 있습니다. 이번에는 영속적 갈등 주제를 현명하게 다루는 방법을 알아보겠습니다.

문제 속에서 평화롭게 공존하도록 노력한다

가트맨 박사는 36년 넘게 부부들을 연구한 후 이런 충고를 했습니다. "영속적 갈등 주제를 가지고 평화롭게 공존하는 방법에 따라 관계의 질이 결정된다." 영속적 문제가 있느냐 없느냐, 해결하느냐 못하느냐가 아니라, 그 문제 속에서 어떻게 평화롭게 공존하느냐에 따라서 관계의 질이 달라질 수가 있다는 뜻입니다.

영속적 갈등 주제는 해결할 수 없기 때문에 억지로 해결하려고 하지 말고 대화를 통해 서로의 관점과 서로의 현실을 말하고 들을 수 있으면 족합니다.

심리치료에는 이런 말이 있습니다. "현실이란 없다. 관점이 있을 뿐이다." 너의 현실이 나의 현실일 수는 없다는 것이죠. 너의 현실은 너의 관점에서 나오는 것이고, 나의 현실은 나의 관점에서 나오는 것입니다.

부부치료를 하다 보면 배우자에 대해 "이 사람이 이런데 좀 고쳐주세요. 이 사람이 잘못 생각하고 있어요" 하는 말을 자주 듣습니다. 하지만 당사자에게는 그것이 잘못 생각하는 것이 아니라 현실일 수도 있습니다. 마찬가지로 내가 절절하게 느끼는 것도 남들이 보기에는 현실이 아니라 그저 나의 관점에 지나지 않을 수도 있습니다.

실제로 가트맨 이전의 부부치료가 대부분 실패하거나 일시적 효과만 보이다가 다시 제자리로 돌아간 이유는 이러한 영속적 갈등의 본질을 파악하지 못했기 때문입니다.

유머와 호감, 존중하는 마음을 갖고 다룬다

영속적 갈등 주제는 각자에게 무척 예민한 문제라서 상처받기가 굉장히 쉽습니다. 따라서 상대에 대한 호감과 존중이나 유머를 가지고 부드럽게 다뤄야 합니다. 만약 내 쪽에서는 존중하는 마음을 가지고 좋게 이야기했는데 상대는 그렇게 받아들이지 못한다면, 평소에 충분히 서로에게 호감과 존중을 쌓았는지, 긍정적 언행을 20배 이상 했는지를 돌아봐야 합니다. 그리고 부족했다 싶으면 즉시 더 해나가야 합니다.

저희 부부의 영속적 갈등 주제는 다름아닌 일하는 스타일의 차이입니다. 저는 책을 쓸 때면 자료를 다 벌려놓고 하는 습성이 있습니다. 자료를 늘어놓고 머릿속으로 생각을 많이 한 다음, 그 상태로 책을 쓰고, 책을 다 쓴 다음 자료를 정리할 때의 기쁨은 이루 말할 수 없습니다. 그렇게 해서 저는 비교적 빠른 시간 안에 책 한 권을 다 씁니다.

그러나 남편은 정반대입니다. 자료를 한 가지 보고 나면 제자리에 넣고, 또 하나를 보면 그것을 또 제자리에 넣고, 그래야 머릿속도 정리가 된다고 합니다.

남편은 제가 책을 쓰고 있는 방에 들어오면 "아이고, 어떻게 이런 데서 집중이 돼? 나는 못해" 하며 머리를 절레절레 흔듭니다.

앞으로도 아마 천지개벽이 일어나지 않는 한 저는 제 방식을 고수할 것이고, 남편 역시 그럴 것입니다.

결국 저희는 다음과 같이 양보와 타협을 했습니다. "책을 같이 집필하더라도 쓸 때는 각자 자기 방에서 쓰자." 남편은 2층에서 쓰고, 저는 다른 방에서 쓰고, 같이 의논할 때는 중간 지점인 거실에서 얘기합니다. 그리고 각자에게 가서 뭐라고 참견하지 않는 것입니다.

이렇게 서로 인정하고, 받아들일 만큼 받아들여주고, 정 안 되는 것은 타협하면 됩니다. 그리고 갈등 주제를 유머러스하게 다룹니다.

제가 책을 쓰고 있는 방으로 뭘 물어보려고 들어올 때면 남편은 까치

발을 한 채 "아이고, 내가 발 디딜 데가 없네" 하면서 장난을 칩니다. 그것을 만약 경멸조로 "방구석이 이게 뭐야? 도대체 가정교육이······"라고 얘기한다면 저도 공격을 하겠죠. 하지만 웃으면서 농담으로 몇 마디 하고, 저도 남편 방에 가서 농담을 걸면서 갈등 주제를 잘 관리합니다.

상대의 기본 성향이나 성격을 있는 그대로 받아들인다

가트맨 박사는 "상대를 변화시키려면 먼저 상대를 있는 그대로 진정으로 좋아하라"고 충고합니다. 다시 말해 '사람은 상대가 진정으로 자신을 있는 그대로 받아들여주고 좋아한다고 느낄 때 비로소 변화한다'는 뜻입니다. 그리고 이를 '변화의 대역설'이라고 불렀습니다. 이는 어른이고 아이고 마찬가지입니다.

제가 청소년을 상담할 때의 일입니다. 머리를 자르지 않아 아빠에게 혼나고 집을 나간 학생이 있었습니다. 저는 먼저 부모님을 만났습니다. "아드님이 머리를 길러서 이마를 가리고 귀를 덮은 모습을 볼 때 어떤 기분이 드세요?" 하고 물으니, 아빠가 화가 난다면서 자신도 대학생 때 장발족이었지만 오히려 경찰에 붙들려 삭발을 당한 뒤에 사람이 된 것 같다고 했습니다.

좀더 살펴보니, 아들이 자신에게 반항하는 것 같아 화나고, 아빠로서 권위가 안 서는 것 같아 속상하고, 아들 잘못 키웠다고 남들이 흉볼까 봐 싫다고 했습니다. 먼저 아빠의 감정에 대한 감정, 즉 초감정(meta-emotion)에 대해 상담한 후 아빠의 미해결 과제를 정리해 주었습니다.

그후 '변화의 대역설'을 아들에게 실험해 보라고 제안했습니다. 강압적으로 "야, 머리 좀 잘라라" 하니까 반발하면서 차라리 집을 나가고 학교도 안 가겠다고 반항한 아들에게 이렇게 얘기해 보라고 권했습니다.

"넌 머릿결이 참 윤기 나고 숱도 많구나. 아빠도 젊었을 때 장발족이었단다. 머리를 길러보니까 기분이 어때?"라든지, "머리 긴 게 좋은가 보구나?" 하고 일단 있는 그대로의 모습을 받아들여주는 것입니다. 단, 거짓으로 말하면 안 됩니다.

그렇게 있는 모습 그대로를 받아들여주고, 좋은 점을 봐주었더니 놀랍게도 아이에게서도 서서히 변화가 일어났다고 합니다.

"아빠, 제가 머리를 길러도 절 사랑하시는 거예요? 그냥 제 머리니까 제 마음대로 할 수 있다고 주장해 본 거예요. 그런데 아빠가 너무 강하게 나오니까 날 미워하신다고 생각했어요. 아빠는 나보다 체면이 더 중요한 것 같아서 차라리 내가 사라져주면 아빠가 창피할 일이 없겠다고 생각하고 집을 나갔던 거예요"라고 말했다고 합니다. 그리고 아들은 겨울방학 동안만 머리를 기르더니 개학을 나흘 앞두고 스스로 미장원에 가서 단정하게 머리를 잘랐습니다.

이처럼 상대가 변화하기를 원하면 먼저 아무 선입견 없이 있는 그대로 받아들여야 합니다. 그래야 비로소 변화가 생깁니다.

따라서 영속적인 문제를 다루려면 우선 상대의 기본 성향이나 성격을 받아들여야 합니다. 내 식으로 맞추려고 하거나 끌어들이려고 하거나 바꾸려고 하지 말고 있는 그대로를 받아들이고 인정해야 합니다. 그러고 나야 대화나 양보, 타협이 가능해집니다.

물론 상대를 있는 그대로 받아들인다고 해서 다음과 같은 것들까지 받아들여서는 안 됩니다.

- 언어 폭력 • 아동 학대 • 신체 폭력
- 존속 학대 • 인격에 대한 모욕 • 외도와 배반 등

Plus

내 배우자의 타고난 기질은 무엇일까?

성격과는 다른 기질이라는 게 있습니다. 기본적인 성향이라고도 할 수 있는데요. 과연 이런 것이 존재하는가 하고 심리학자, 사회학자, 인류학자, 의사, 사회복지사 등이 팀을 이뤄 전세계의 아이들을 태어날 때부터 관찰해 보았습니다.

그랬더니 부모의 인종, 언어, 문화, 학력, 연령, 양육방식, 출생 순서, 사는 지역 등과 상관 없이 아이들을 크게 3가지 기질로 나눌 수 있었습니다.

1. 순둥이 혹은 순응형
2. 청개구리형 혹은 체제거부형
3. 한 박자 늦는 형(대기만성형)

인류학자들이 연구해 본 결과 그런 3가지 기질을 가진 아이들이 태어나는 이유는 이 세상이 돌아가는 데 '필요하기 때문'이라고 합니다. 예를 들어 지도자가 세종대왕 같은 성군이라면 국민이 순둥이들 위주로 잘 따라줘야 하고, 지도자가 폭군이라면 청개구리형들이 나서서 변화를 도모해야 할 테니까요.

순둥이형

전체의 40퍼센트 정도가 '순둥이형'입니다. 체제 순응형이라 볼 수 있습니다.

청개구리형

10퍼센트 정도가 '청개구리형'입니다. 체제거부형이라 볼 수 있죠. 청개구리형들은 기존 체제를 '싫다' '웃긴다' 하면서 자기 나름의 방식대로 대하기 때문에 주관이 뚜렷합니다. 흔히 반골기질이라고도 하죠. 예전에는 이런 아이들이 좋은 인식을 받지 못했는데, 요즘은 각광을 받습니다. 창의력, 모험정신, 도전정신, 개척정신 등이 뛰어난 경우가 많기 때문입니다.

한 박자 늦는 형

한 박자 늦는 기질을 타고난 아이들은 15퍼센트 정도는 머리가 나쁜 것이 아니라 새로운 일을 하는 것을 별로 안 좋아합니다. 새로운 것을 가르쳐주거나 어디에 데려가려 하거나 새 옷을 입히려고 하면 거부하면서 항상 했던 똑같은 것만 하려고 합니다. 그 대신 좋은 점은 한번 한 일은 꾸준히 한다는 점입니다. 싫증도 잘 안 내고 꾸준히 합니다. 동양식으로는 대기만성형이라고 할 수 있습니다.

나머지는 순둥이면서 한 박자 늦는 복합형, 또는 체제거부형이면서 한 박자 늦는 복합형입니다. 이런 타고난 기질은 죽을 때까지 거의 변하지 않습니다. 서로가 상대의 기질을 파악하고 이해하고 받아들이면, 대화나 양보나 타협이나 절충이 될 수 있는 여지가 있습니다. 그러나 그것을 받아들지 못하고 내 사전에 이런 것은 없다라거나 나는 절대로 이렇게 못한다라고 하면 제대로 영속적 갈등 주제를 관리하면서 행복하게 살아갈 수가 없습니다.

Summary

🍃 부부간의 풀리지 않는 갈등의 특징

- 부부간의 문제 중 69퍼센트는 풀리지 않는 문제다.
  (풀리지 않는 문제 = 영속적 갈등 주제)
- 이 문제만 나오면 배우자에게 거부당하는 느낌이 든다.
- 지겹게 싸우고 또 싸워도 같은 지점에서 맴돈다.
- 각자 방호벽 속에 몸을 사리고 자기 입장만 고수한다.
  대화와 타협의 여지를 안 남긴다.
- 아무리 싸워도 좌절감과 상처만 깊어진다.
- 미소, 유머, 애정이 깃들 여지가 없다.
- 서로 비방하고 서로를 천박하게 만든다.
- 결국 감정적 이혼으로 치닫게 된다.
- 싸우든 안 싸우든, 이혼을 하든 안 하든, 좀처럼 풀리지 않는다.
- 각자의 유전자, 환경, 성장과정 등을 통해 오랜 기간에 걸쳐 형성된다.

🍃 영속적 갈등 주제를 다룰 때 주의할 점

- 해결하려 하지 말고 '관리'하는 데 역점을 두어야 한다.
- 문제 속에서 평화롭게 공존하도록 노력한다.
- 유머와 호감, 존중하는 마음을 가지고 다룬다.
- 상대의 기본 성향이나 성격을 받아들인다.

EXERCISE

🪶 두 타원 연습

큰 타원 안에 작은 타원을 그려서 두 개의 원을 그린다.

1. 작은 타원에는 '하늘이 두 쪽 나도 포기할 수 없는 것, 배우자와 안 살면 안 살았지 도저히 양보할 수 없는 것'을 적어 넣는다.
2. 큰 타원에는 그와 관련은 있지만 어느 정도 양보와 타협이 가능한 것을 적어 넣는다.
3. 배우자와 한자리에 앉아 타원 속에 있는 문제들에 대해 이야기를 나눈다.
   - 작은 타원에 있는 것을 얘기할 때는 그것이 자신에게 왜 그렇게 중요한지를 얘기하고, 서로 궁금한 점이 있으면 물어본다.
   - 큰 타원에 있는 것들에 대해 이야기하면서는 서로 절충하고, 타협하고, 양보하고, 조화시킬 수 있는 방법을 찾아본다.

Chapter 10

엉켜 있는 갈등의 매듭을 풀기

부부간의 문제 중 69퍼센트는 영속적 갈등 주제로서 풀리지 않는 문제이지만, 31퍼센트는 풀리는 문제라고 했습니다. 그렇다면 풀리는 문제는 과연 어떻게 풀어야 할까요? 이 장에서는 풀리는 문제를 다루는 방법을 알아보도록 하겠습니다. 다음은 부부문제를 푸는 5단계입니다.

1단계 부드럽게 시작한다

제일 중요한 것이 부드럽게 시작하는 것입니다. 문제를 제기할 때 부드럽게 시작해야 합니다.

그전에 먼저 알아야 할 것은, 커뮤니케이션은 부부 사이에서도, 친구 사이에서도, 심지어 엄마와 아이 사이에서조차 최소한 70퍼센트 정도는 오류가 발생한다는 사실입니다.

내가 좋은 뜻으로 얘기해도 상대가 오해를 하고, 상대가 한 말을 내가 전혀 다른 뜻으로 받아들이게 됩니다. 이것은 인간의 한계일 뿐 상대가 나빠서 그런 것도 아니고, 내가 바보라서 그런 것도 아닙니다.

가트맨 박사는 이러한 현상을 야구에 비유했습니다. 아주 뛰어난 프로야구 선수라 해도 타율이 3할 정도입니다. 야구공을 치는 것을 직업으로 하는 사람도 그런데, 보통사람이 커뮤니케이션을 30퍼센트만 제대로 해도 대단한 것이라는 겁니다.

그렇기 때문에 의사소통이 제대로 이루어지지 않았을 때 너무 실망하지 말고 조금씩 더 효과적으로 정확하게 할 수 있도록 노력하면 됩니다.

부드럽게 시작하는 것의 중요성으로 다시 돌아가면, 가트맨 박사는 러브랩에서 부부가 일상적으로 함께 지내는 모습을 24시간 (침실과 화장실은 제외하고) 비디오로 찍은 다음 분석했습니다. 그 결과, 두 사람이 옥신각신 말다툼을 하는 15분 정도의 시간 속에 비난이 있는지, 경멸이 있는지, 방어가 있는지, 담쌓기가 있는지를 보면 그 부부가 이혼할지 여부를 94퍼센트의 정확도로 알아맞힐 수 있었습니다.

그런데 테이프를 15분 보는 것도 길다고 생각한 가트맨 박사는 앞의 3분만 관찰했습니다. 그 결과, 대화의 첫 3분이 격하면 그 뒤는 볼 필요가 없을 정도였습니다. 거의 항상 비난, 경멸, 방어 담쌓기로 갔습니다.

예를 들어 "당신은 도대체!"라고 시작하거나, 눈물을 흘리면서 말을 꺼내거나, "정말 내가 못살겠어!"라며 격한 감정으로 시작하면 그 결혼이 이혼으로 끝날 것이라는 것을 94퍼센트의 정확도로 예측할 수 있었습니다. 그래서 처음 말을 꺼낼 때 어떻게 시작하느냐가 굉장히 중요하다는 사실을 알아냈습니다.

다음과 같은 경험을 한 적이 있을 겁니다. '이 말을 꼭 해야겠어. 주중에 할까? 오늘 저녁에 할까?' 벼르고 벼르다가 얘기를 꺼냈는데, 애기를 하자마자 전혀 기대하지 않은 반응이 나옵니다. 그것은 본인이 시작을 잘못했다는 증거입니다. 다시 말해서 부드럽게 시작을 하지 못했다는 얘기입니다.

부드럽게 시작하려면 앞서 여러 차례 강조했던 것처럼 비난을 해서는 안 됩니다. 하지만 불평은 해도 됩니다. 상황에 대해서 '지금 뭐가 어떻다'와 같이 불평하는 것은 괜찮은데, '당신은 이렇다, 이런저런 것을 안 한다, 못한다'와 같이 말하는 것은 상대에 대한 공격으로 들리기 때문에 관계가 망가집니다.

효과적인 불평은 비난하지 않고 상황을 설명하고, 자신이 어떤 기분인지 알리고, 자신이 필요한 것을 말하는 것입니다. 비난과는 확실히 대화의 목적과 방식이 다릅니다.

부드럽게 시작하는 것이 말처럼 쉽지 않을 수 있습니다. 따라서 말을 시작하기 전에 천천히 숨을 크게 들이쉽니다. 그리고 '이것은 싸우기 위한 것이 아니라 문제를 해결하기 위한 것이다'라고 생각해야 합니다.

부드럽게 시작할 때 가장 중요한 것은 '당신'으로 시작하는 '너 전달법' 대신 '나는 ~하게 느낀다'와 같이 '나 전달법'을 쓰는 것입니다.

상담교육자 토머스 고든(Thomas Gordon)은 '당신'을 주어로 말하는 경우 대개 말이 비판적이 되고, 결과적으로 상대를 방어적으로 만든다는 사실을 발견했습니다.

반면에, '이러저러해서 내가 이렇게 느낀다'라고 설명을 하면 상대가 공격을 받는 것이 아니기 때문에 일단 나의 이야기를 들을 수 있게 됩니다. 예를 들어 "당신은 내가 안중에도 없지!"라고 말하기보다는 "나는 당신이 나에게 관심을 가져주고 내 말에 귀를 기울여줬으면 좋겠어"라고 하는 것이 좋습니다.

이때 주의할 것은 '나'를 주어로 하더라도 사실상 '당신'을 비난하는 투로 바뀌면 안 된다는 것입니다. 예를 들어 "나는 당신이 잘못했다는 걸 확신해"와 같이 말하면 안 됩니다.

부정적으로 말하기와 긍정적으로 말하기

부드럽게 시작하면서 자신이 필요한 것을 가능한 한 긍정적으로 말해야 합니다. 예를 들어 "나는 집이 지저분한 것이 싫어!" 이것은 부정적으로 말하는 것입니다.

부정적으로 말하면 어떤 효과가 날까요? 실험을 하나 해보겠습니다. 지금 이 책을 읽고 계시는 독자 여러분은 제 부탁을 들어주시기 바랍니다. 코끼리가 맥주병을 들고 냉장고로 들어가는 모습을 절대 생각하지 말아주세요. 절대로요. 아셨죠? 코끼리가 맥주병을 들고 냉장고로 들어가는 모습은 꿈에도 상상하지 마세요.

어떻습니까? 지금 머릿속에 그려진 장면은 무엇인가요? 절대로 생각하지 말라고 한 코끼리가 맥주병을 들고 냉장고로 들어가는 모습이 아닌가요? 이처럼 우리 두뇌는 부정과 긍정을 구분하지 못하는 경우가 많고, 부정적인 것이 더 오랫동안 심상에 남고 기억됩니다.

따라서 원하는 것이 있으면 가급적 긍정적으로 요청하는 것이 효과적입니다. "나는 지저분한 것이 싫어! 제발 어지럽히지 말아줘!"를 어떻게 말하면 긍정적이 될까요? "나는 집이 깨끗하면 좋겠어"라고 말하면 되겠죠. 그리고 "당신이 약속시간에 번번이 늦는 건 정말 못 참겠어"는 "나는 당신이 약속시간을 지켰으면 좋겠어"와 같이 말하는 겁니다.

간단하죠. 하지만 이렇게 바꾸면 결과가 많이 달라집니다. '슬라이딩 도어 모멘트' 기억나시죠? '이런 말을 하느냐, 저런 말을 하느냐'에 따라 그다음 반응이 달라집니다.

원하는 게 있을 때는 '부탁해, ~해주면 고맙겠어'와 같은 공손한 표현을 사용하는 게 좋습니다. 그리고 상대가 부탁을 들어주었을 때는 반드시 고마움을 표해야 합니다. 고마움을 표하면 그것이 점점 더 긍정적인 강화를 일으켜 관계가 더 좋아집니다.

부드럽게 시작한다는 것은 호흡을 가다듬고 마음을 진정한 뒤에 상대를 배려하여 말을 꺼낸다는 뜻입니다. 조선 성종의 어머니 소혜왕후의 『내훈(內訓)』에도 부부가 아무리 허물 없는 사이라 해도 '말을 삼가라' '공손히 하라' '나직이 순하게 하라'는 표현이 자주 나옵니다. 이렇게 하면 하고 싶은 얘기를 못하는 게 아니라 오히려 속 깊은 감정까지도 말할 수 있습니다. 상대가 마음을 열고 귀를 기울이기 때문입니다.

부드럽게 시작하는 예를 하나 더 보겠습니다. 시어머니가 저녁에 집에 오신다는 전화를 받고 며느리의 마음이 편치 않습니다. 예전에 애들 버릇을 가르치는 문제로 시어머니로부터 한 소리 들어서 화가 났던 적이 있기 때문입니다.

또다시 그런 일이 벌어지면 그런 말을 들을 때 자신이 얼마나 상처를 받는지를 시어머니에게 말하려고 합니다. 그리고 그런 상황에서 남편이 자신의 편을 들어주었으면 합니다.

이때 격하게 시작하는 것은, "당신의 어머니는 정말 인류의 재앙이야!" 이런 식으로 말하는 겁니다. 그러면 상대는 어떻게 반응할까요? 그것을 인정할까요? 아니죠. "무슨 말을 그렇게 해!"라든가 "그러는 당신 엄마는?" 이런 식이 되겠죠.

그럼 어떻게 하는 것이 부드럽게 시작하는 것일까요?

"여보, 나는 오늘 걱정이 돼요. 어머니가 애들 버릇없다고 말씀하실까 봐. 그렇게 말씀하시면 내가 애들 교육을 잘못 시킨 것 같아서 상처가 되거든요" 이 정도로 말하면 좋습니다. 그리고 거기에 덧붙여서 "어머님이 오늘 오셔서 혹시 또 그런 말씀을 하시면 뒤에서 내 손을 잡아주면 좋겠어요. 그러면 당신이 날 지지한다고 느낄 수 있을 것 같아요"라든지 "어머니 가시고 난 다음에 나 어깨 좀 주물러줘요. 그러면 빨리 스트레스를 풀 수 있을 것 같아" 등과 같이 남편이 해줄 수 있을 정도의 일을 요구하는 것입니다.

부드럽게 시작하기의 6가지 규칙

1. 대화의 첫마디는 상냥하게, 불평은 하되 비난은 하지 않는다.
2. '당신' 대신 '나'로 시작하는 문장을 사용한다.('나 전달법' 사용)
3. 상황을 구체적으로 설명하되 인격에 대한 평가나 비판은 삼간다.
4. 자신이 필요로 하는 것, 바라는 것에 대해 긍정문으로 명확하게 표현한다.
5. 공손한 표현을 쓴다.
6. 조금이라도 요청을 들어주었을 때는 감사를 표한다.

2단계 보수작업을 하고 진정한다

아무리 시작을 좋게 했다 하더라도 서로가 아프거나 예민한 부분에 부딪히면 감정이 격해질 수 있습니다. 그때 빨리 보수작업을 해야 합니다. 즉, 브레이크를 걸어야 합니다. 그리고 감정 상승에 빨리 제동을 걸어야 합니다.

스키를 처음 배울 때, 그리고 운전을 배울 때 무엇부터 배우나요? 스키는 넘어지는 것을 배우고, 운전은 브레이크 밟는 법을 먼저 배웁니다.

스키와 자동차가 가고 싶지 않은 방향으로 갈 때 그것을 재빨리 중지할 수 있도록 넘어지는 법과 브레이크 밟는 법을 먼저 배우는 것입니다. 브레이크 밟는 법은 안 배우고 가속 페달 밟는 법만 배우면 큰 문제가 생길 수 있습니다.

부부 사이에서 싸움은 일어날 수밖에 없습니다. 어떤 부부라도 서로 생각이 다르고, 살아온 역사가 다르고, 유전자가 달라서 부딪칠 수밖에 없습니다. 그렇게 부딪쳤을 때, 감정이 격해져서 컨트롤이 안 될 때, 브레이크를 걸어야 합니다. 그 방법을 알고 실천하는 것이 굉장히 중요합니다.

가트맨 박사는 행복한 부부들도 영속적 갈등 주제가 있고 다투기도 하지만, 감정이 격해지거나 언행이 거칠어질 때, 또는 본의 아니게 관계가 나쁜 쪽으로 진행되려 할 때 그들은 재빨리 보수작업을 한다는 사실을 발견했습니다.

한 TV 프로그램에 출연했던 연예인 부부의 예를 들어보겠습니다.

아내 : 이번 프로그램 제작팀들은 방송국 직속이야 아니면 외주 직원들이야?

남편 : 몰라.

아내 : 함께 일한 지가 몇 달이나 됐는데 그것도 몰라? (비난)

남편 : 모를 수도 있지. 내가 어떻게 그걸 다 아냐? (방어)

아내 : 근데 왜 짜증을 내? 내가 묻는 게 귀찮아? (비난)

남편 : 나, 짜증 안 냈어. 당신이 짜증냈지. (방어)

아내 : 당신은 왜 만날 내가 말하면 퉁명스럽게 대답해? (비난)

남편 : 내가 언제 만날 퉁명스럽게 했어? 모르니까 모른다고 했지. 그게 퉁명이야? 그러는 당신은 왜 짜증을 내는데? (방어)

아내 : 됐다, 됐어. 그만해. (화를 내다가 눈물까지 그렁거린다) (담쌓기)

남편 : 뭐 그까짓 일로 울기까지 하냐? 애도 아니면서, 쳇. (경멸)

아내 : (더 흐느끼며) 요즘 당신이 나한테서 점점 멀어지는 것 같아. 날 싫어하고 거리를 두는 것 같단 말이야. (비난)

남편 : 어, 그래? 지금 말한 것 취소해도 되지? 부드럽게 말하려고 했는데 잘 안 됐네. (보수작업)

아내 : 당신 말 들으니까 좀 슬퍼졌는데, 나한테 좀 부드럽게 얘기해 주면 좋겠어. 사랑한다고 말해 줄 수 있겠어? (보수작업)

남편 : 사랑해. (보수작업)

아내 : 고마워. (보수작업)

위의 부부는 평소에 애정 표현도 자주 하고 서로 배려를 많이 했던 부부라서 긍정적 감정이 5배 정도는 쌓여 있었습니다. 따라서 보수작업이 비교적 쉽게 이루어졌습니다.

하지만 위에서 보수작업을 하지 않았다면 어떻게 되었을까요? 슬라이딩 도어 모멘트로 다시 돌아가서 보기로 합시다. 다음을 눈여겨보시기 바랍니다. 보수작업이 안 된 가상 상황입니다.

남편 : 당신 히스테리가 너무 심한 것 아냐? 별것도 아닌 걸로 울고 짜고. 정말 지겹다, 지겨워. 당신 비위 맞추는 게 얼마나 피곤할 줄 아냐고! (버럭 소

리를 지른다) (비난)

아내 : (언성을 높이며) 그렇게 싫으면 헤어지면 될 것 아냐? 나도 당신 지긋지긋해. 밖에 나가선 좋은 사람 행세하면서 왜 나한테는 그렇게 모질게 굴어? 당신은 이중인격자야! (경멸)

남편 : (자동차를 갓길에 세우며) 내려! 이중인격자랑 차 타고 가는 것 괴로울 거 아냐! 싫으면 살지 마! 나도 당신 같은 여자는 악몽이야! (격한 감정을 주체하지 못한다.)

아내 : 미쳤어? 지금 비오는데 애 데리고 차에서 내리라고? 정말 그렇게 나올래? 진짜 야비하다. 당신은 아빠 자격도 없어. 당장 이혼이야!

이렇게 하고 싶은 말을 가리지 않고 다 하면 후회할 만한 사건들을 일으키며 서로에게 깊은 상처를 남깁니다. 차 안에서 곤히 잠을 자다가 엄마 아빠의 높은 언성에 잠이 깬 아이의 두뇌 속 해마(기억처리 장소)와 편도체(공포와 불안에 민감하게 반응하는 부위)에는 이 장면이 고스란히 입력됩니다. 그러면 아이의 심장박동수와 호흡은 빨라지고 스트레스 호르몬인 코르티솔이 다량 분출되어 아이는 큰 소리로 울면서 공포와 불안을 표시할 것입니다.

연구에 의하면, 부모의 갈등을 목격한 아이는 단 한 번일지라도 심리적 외상인 트라우마를 입을 수 있으며, 자기 진정을 잘 못하고 쉽게 흥분하거나 스트레스에 취약하게 된다고 합니다. 또한 집중력이 떨어지고 사회성이 낮아집니다. 엄마와 아빠의 미숙한 갈등대처기술의 대가를 아이가 치르게 되는 것입니다.

이렇게 후회할 만한 상황은 불과 20~30분 안에도 벌어질 수 있습니다. 하지만 브레이크를 거는 법, 즉 보수작업을 배워서 약간만 실천하면 감정의 상승과 격화를 감소시키며 온화한 방식으로 둘의 차이를 '관리'할 수 있습니다.

　브레이크로 감속하여 대형사고를 막을 수 있는 것처럼 보수작업을 약간만 해도 파국을 예방할 수 있으니, 부부가 평소에 꼭 배워두어야 할 정말 중요한 기술입니다.

보수작업에서 쓰는 표현들

　보수작업에서 쓸 수 있는 말들을 종류에 따라 나누면 여섯 가지가 있습니다. 아래 부분은 가트맨 박사가 관계의 달인들은 감정이 격해질 때 어떻게 살짝 브레이크를 밟으며 긍정 쪽으로 방향을 선회하는지를 관찰하여 얻은 답입니다. 이를 가트맨 박사는 관계의 달인들이 가르쳐준 지혜라고 했으며, 자신의 느낌을 전하는 말, 사과의 말, 설득의 말, 진정하자는 말, 동작을 중단하는 말, 인정과 감사의 말로 정리했습니다. 한 가지씩 살펴보겠습니다. 잘 기억했다가 활용하세요.

　1. 자신의 느낌을 전하는 말
　"난 두려워."
　"좀더 부드럽게 말해 주면 좋겠어요."
　"그 말을 들으니까 기분이 좀 상한다."
　"슬퍼지네……"
　"야단맞은 기분이 들어."
　"인정 못 받는 기분이야."
　"비난받는 기분이야."

2. 사과의 말

"내가 너무 피곤해서 그랬어. 미안해."
"그 일에 대해 내가 참지 못하고 폭발했어."
"다시 한번 해볼게."
"부드럽게 말하고 싶은데 잘 안 되네."
"다시 해볼게."
"어떻게 하면 좀더 잘해볼 수 있을까?"
"당신의 말은 이건가?"

3. 설득의 말

"당신 말이 이해가 되는 것 같아."
"당신의 의견에 나도 부분적으로는 동의해."
"우리 합의할 만한 것을 좀 찾아보자."
"내가 이만큼은 양보할게."
"큰 그림에서 보면 이 문제는 그렇게 심각한 건 아니라고 생각해."

4. 진정하자는 말

"당신이 나 좀 도와줘"
"지금 말한 것 취소해도 되지?"
"좀 부드럽게 말해 주면 좋겠어."
"이 문제는 정말 중요해. 좀 들어줘."
"감정이 끓어오르는 것 같아. 잠깐 쉬자."
"사랑한다고 말해 줄 수 있겠어?"

5. 동작을 중단하는 말

"내가 틀린 것 같아."

"잠깐 쉬었다 얘기하자."

"나 심호흡 좀 하고 올게."

"다시 처음부터 시작하면 어떨까?"

"우리 지금 주제에서 너무 벗어난 것 같아."

"서로 의견이 다른 채로 지내자."

6. 인정과 감사의 말

"난 이것이 당신의 잘못은 아니라고 생각해."

"내가 잘못한 것은……."

"정말 좋은 생각이네."

"'우리' 생각은 그러니까 ……란 말이지?"

"사랑해. 고마워."

3단계 상대의 영향력을 받아들인다

- "내 사전엔 그런 말 없다." ☞ "당신 말도 일리가 있네."
- "제발 나 좀 내버려둬." ☞ "나도 생각해 볼게."
- "당신이 알아서 하면 되잖아!" ☞ "언제까지 하면 좋을까?"
- "시끄러!" ☞ "당신 의견 잘 들었어."

상대가 얘기할 때 '너는 떠들어라. 나는 안 듣는다' 하는 건 상대의 영향력을 받아들이지 않는 행위입니다. 주로 남자들이 이런 태도를 많이 보입니다. '실컷 떠들어라' 하면서 자기는 다른 생각을 합니다. 스포츠 기사에서 본 것을 생각하거나, '이따 누구누구 만나야지……' 하는 생각을 하거나 합니다. 이렇게 아내의 영향력을 받아들이지 않으면, 아내의 감정이 격해집니다.

행복한 부부들을 보면, 대개는 남편들이 아내의 말을 잘 들어주고, 존중합니다. 그러면 아내도 짜증을 내거나 바가지를 긁지 않게 되고, 그렇게 되면 부부관계가 원활해집니다.

부부 중 대화를 먼저 시작하는 쪽은 80퍼센트 정도가 여자라고 했습니다. 그리고 시작을 격하게 하면 97.6퍼센트가 이혼으로 끝난다고 했습니다. 이 둘을 합쳐서 생각하면 언뜻 이혼의 주범이 여자라고 생각될 수도 있습니다. 하지만 가트맨 박사는 부드럽게 시작하는 아내들의 남편은 평소에 아내의 말에 귀를 기울이고 아내의 영향력을 잘 받아들인다는 사실을 발견했습니다.

뒤집어 말하면 아내의 언성이 높아지는 원인은 평소에 남편이 아내의 말을 열심히 들어주지 않거나 무시하며 담쌓기를 해서 부정적인 감정이 쌓여 있기 때문입니다.

다시 닭과 달걀의 논리가 등장합니다. 중요한 것은 누구 탓이냐가 아니라 '어떻게' 이 악순환의 고리에서 벗어나 선순환으로 방향 전환을 하는가입니다.

남과 여의 행복한 공존을 꿈꾸며

아울러 가트맨 박사는 남자들의 정서적 지능에 대해 오랜 역사적 통찰을 일깨워줍니다(이하는 가트맨 박사의 2006년 부부치료 매뉴얼에서 부분적으로 발췌한 것입니다).

유대교나 기독교가 탄생하기 훨씬 전 고대 수메르, 바빌론, 앗시리아 문화가 이어지는 700년 동안 종교는 엄청난 변화를 겪었습니다. 처음에는 남신과 여신이 모두 있었는데, 이 남신과 여신의 역할은 실제 남녀 역할을 반영했습니다.

인간과 동물의 세계에서 남성 사회보다 광범위하고 응집력이 있던 여성 사회는 세월의 흐름과 함께 방대한 지식을 후대에 전해왔습니다. 우리 조상들의 문화에서 여성들이 가진 실제 권력과 지식은 어마어마했을 것입니다. 그러므로 문화의 태동기에 많은 것을 창조해 낸 여성들의 공로를 인정해야 합니다.

우리는 지금 천 년은 뒤떨어진 여성의 권리에 관한 전 세계적인 혁명의 와중에 살고 있습니다. 그 과정에서 너무나 오랫동안 인간의 문화에 존재해 온 엄청난 불균형을 바로잡으려고 시도하고 있습니다.

공처가는 아내를 두려워하는 남자일 수도 있고 아내를 공경하는 남자일 수도 있다고 했습니다. 아내를 존중하고 아내의 영향력을 받아들이면 아내의 마음이 순화되고 더 지혜로워집니다. 그리고 심신이 건강하고 행복한 어머니의 양육을 받고 자란 아이가 심신도 건강할 것입니다.

하지만 요즘 한국에서는 아내의 영향력이 너무 갑자기 강해져서 풍자적인 우스갯소리도 나옵니다. 아래는 어떤 분에게서 들은 농담입니다. 요즘 남자들이 이혼을 많이 당하는데, 그 사유가 연령대별로 다르답니다.

20대 : 라면을 끓여달라고 했다.
30대 : 된장찌개가 짜다고 했다.

40대 : 카드를 많이 썼다고 말했다.

50대 : 어디 가냐고 물었다.

60대 : 그냥 쳐다봤다.

70대 : 왜 이혼 당했는지 이유도 말 안해주고 이혼하더라.

4단계 타협과 절충을 시도한다

가트맨 연구소에서 진행되는 전문가 훈련 과정에서는 부부싸움 장면을 비디오로 찍은 것을 리뷰하면서 분석하는데, 가트맨 박사는 이것을 마치 권투 경기를 중계하듯 합니다.

"양 코너에 두 선수가 마주보고 섰습니다. 청코너의 선수가 재빠르게 홍코너 쪽으로 다가갑니다. 홍코너 선수도 맞싸울 기세로 어깨에 잔뜩 힘을 주고 두 주먹으로 얼굴을 가리면서 노려봅니다. 홍코너 선수가 오른팔을 뻗어 청코너 선수의 얼굴을 향해 일격을 가합니다."

"당신, 어제 몇 시에 들어왔는 줄 알아? 약속이 개 이름이야? 그렇게 지키지 못할 약속이면 11시까지 들어온다는 전화나 하지 말 것이지. 피곤한데 이제 오나 저제 오나 잠까지 설치면서 기다렸더니 새벽 네 시에 술이 떡이 되어 들어와서 고래고래 소리나 지르고. 동네방네 창피해서 못살겠어! 엉? 내 소리 안 들려!"

두들겨 맞던 청코너의 선수가 잠시 숨을 고르더니 맹렬한 기세로 맞받아칩니다.

"목소리 좀 낮춰! 어쩌다 한 번 늦은 것 갖고 웬 난리야? 자꾸 그러면 아예 안 들어온다. 그래도 기다릴 생각해서 들어와줬더니. 내가 당신 아들이야? 아들 야단치듯 왜 그래?"

이 부부싸움의 결말은 어떨까요? 둘 중 누가 이기든 두 사람 모두 마음에 피를 흘리거나, 피멍이 들거나, 골절상을 입거나 할 것입니다. 그래서 가트맨 박사는 서양의 권투보다 동양의 무술, 특히 일본의 유도를 더 선호한다고 합니다. 권투보다 유도가 이기는 사람이나 지는 사람이나 큰 부상을 입지 않기 때문입니다.

권투는 상대가 온 힘을 주먹에 실어 펀치를 날리면 그와 같거나 더 센 펀치를 먹이려고 하지만, 유도는 상대가 몸 전체를 날려 공격해 올 때 힘이 들어오는 방향으로 몸을 약간 뒤로 빼주면서 충격을 흡수합니다. 그러면 상대의 힘이 빠지면서 나도 균형을 되살릴 여유가 생깁니다. 여기서 착안하여 가트맨 박사는 부부싸움을 할 때 양보와 타협, 절충의 묘를 알려줍니다.

동양의 무술에서는 대극 관계의 두 힘이 직접적으로 맞부딪치는 건 큰 실수입니다. 이기려면 양보해야 합니다. 부부관계에서도 마찬가지입니다. 양보하고 타협하고 상대방의 영향을 받아들여야 합니다.

타협과 절충을 위해서는 상대방의 입장을 존중하면서 당면 문제에 대해 할 수 있는 일과 할 수 없는 일에 관해 이야기를 나눠야 합니다.

타협을 위해 각자에게 물을 질문

- 두 사람이 동의하는 것은? (우리의 관점 중 겹치는 것은?)
- 이 문제에서 우리 두 사람의 공통적인 감정과 가장 중요한 감정은?
- 우리가 가진 공동의 목표는? 그 목표를 달성하려면 어떻게 해야

할까?
- 내 영역 중 양보할 수 있는 부분은?
- 어떻게 하면 우리가 타협에 도달할 수 있을까?
- 상대방의 관점을 존중하려면 어떻게 해야 할까?

상대에게 물을 질문
- 우리 두 사람이 모두 찬성하는 것은 무엇이지?
- 이 일이 왜 당신에게 중요하지?
- 우리의 공동 목표는 무엇이지?
- 이 목표를 이루려면 어떻게 해야 하지?
- 어떻게 하면 우리가 타협에 도달할 수 있을까?
- 당신의 꿈을 존중하려면 내가 어떻게 도울 수 있을까?

5단계 그래도 바꿀 수 없다면 받아들인다

세상에는 인력으로 바꿀 수 없는 것들이 있습니다. 그런 것은 받아들일 수밖에 없습니다. 예를 들어 체중은 어느 정도 조절이 가능하지만 키는 바꿀 수 없습니다. 만일 남편의 키가 작다고 아내가 매번 불평한다면, 부부 두 사람 모두 불행할 것입니다.

살다 보면 내 편에서 볼 때는 쉽게 바꿀 수 있을 것 같은 것을 상대는 도저히 못 바꾸겠다고 하는 것들이 있습니다. 상대의 입장에서 볼 때 거기에는 어떤 상처나 두려움, 또는 깊은 상징적 의미와 인생의 꿈이 담겨 있을 수 있습니다.

　이러한 경우에는 그 꿈의 의미를 이해하고 그냥 있는 그대로 받아들여주는 노력이 필요합니다.

Summary

🍃 풀리는 문제 다루기
- 부부간의 문제 중 31퍼센트는 풀리는 문제다.

🍃 풀리는 문제를 다루는 방법
1단계 : 부드럽게 시작한다.
2단계 : 보수작업을 하고 진정한다.
3단계 : 상대의 영향력을 받아들인다.
4단계 : 타협과 절충을 한다.
5단계 : 그래도 바꿀 수 없다면 받아들인다. (상대의 관점 이해하기)

🍃 보수작업에 쓸 수 있는 말들
- 자신의 느낌을 전하는 말
- 사과하는 말
- 설득하는 말
- 진정하자는 말
- 동작을 중단하는 말
- 인정하고 감사하는 말

Chapter 11

감정의 홍수 상태를 다스리기

'감정의 홍수'란 심리치료 중 가장 어려운 치료의 하나인 트라우마(외상성 상처) 치료에서 나온 개념입니다. 이 분야의 대가인 반드폴 박사는 감정의 홍수는 대개 오랜 세월에 걸친 고질적이고 심각한 심리적 문제에서 파생되며, 신체적으로나 정신적으로 감정의 폭풍우에 휩싸이는 듯한 상황이라고 말합니다.

마치 집이 홍수에 잠기는 것처럼 몇 날 며칠 불쾌한 감정을 겪습니다. 그리고 감정을 없애더라도 그 흔적이 남는다고 합니다. 부부 양쪽이나 한쪽이 감정의 홍수 상태에 빠졌을 때 흔히 후회할 만한 사건들이 일어납니다.

처음에 가트맨 박사가 부부관계에 대해 연구를 시작했을 때는 부부치료라고 하면 대화나 외도 문제 등만 생각했지, 심장박동이 얼마나 빨라지는가, 혈류량이나 스트레스 지수가 어떻게 되는가 하는 신체 변화는 연구 대상이 아니었습니다. 그런데 생리학을 전공한 레벤슨 박사와 공동 연구를 하며 보니, 병든 관계에 있는 부부들은 대개 생리적·신체적으로 흥분 상태에 있다는 사실을 발견했습니다.

병든 관계에 있는 부부들은 스트레스 호르몬이 높다든지 도파민이나

세로토닌의 수치가 낮다든지 하는 식으로 뇌와 몸이 각성 상태에 있는 것이죠. 이런 신체적 각성 상태에서는 스트레스를 감당하기가 어렵고 감정적으로 압도감을 느끼며 신체의 면역력이 저하되어 병에 잘 걸립니다.

앞서 부부싸움을 격하게 시작하면 97.6퍼센트가 이혼으로 귀결된다고 했고, 사이가 좋든 나쁘든 대화의 80퍼센트는 아내 쪽에서 먼저 시작한다고 했습니다. 아내의 목소리가 격하고 커지면 남편은 어떻게 반응할까요? 겁에 질려 떨까요? 고분고분 말을 들을까요?

둘 다 아닙니다. 싸우거나 도망을 갑니다. 아내의 목소리가 격하고 클 경우 남편이 싸우거나 도망가는 이유는 남편에게 감정의 홍수 상태가 일어나기 때문입니다.

감정의 홍수 상태에서는 아드레날린과 스트레스 호르몬이 분비되고, 혈압과 혈당이 올라가고, 맥박이 1분에 95회 이상 뛰게 됩니다(정상시에는 1분에 75회가량). 그리고 뇌에서도 변화가 일어나 정상적으로 생각하고 판단하기 어려워집니다.

감정의 홍수 상태일 때 뇌의 변화

요즘은 과학과 기술이 발달해서 사람이 슬플 때, 화날 때, 놀랄 때, 무서움을 느낄 때, 사랑에 빠졌을 때, 생각할 때, 잠잘 때, 뇌의 어느 부분에서 어떤 작용을 하는지를 실시간으로 관찰할 수 있습니다.

그렇게 관찰해 본 결과, 사람이 총소리를 들으면 그 순간 전두엽으로는 피가 잘 가지 않고, '파충류의 뇌', 즉 뇌간 쪽으로 피가 몰린다는 점을 발견했습니다.

파충류는 위험을 당하면 어떻게 반응할까요? 파충류는 생각하지도 못하고 느끼지도 못합니다. 위험에 처했을 때 파충류의 반응은 싸우거나 도망가는 것입니다. 마찬가지로 그런 경우 사람도 파충류의 뇌가 반응하여 파충류의 뇌가 시키는 대로 움직입니다.

그러면 왜 멀쩡한 사람이 '파충류'가 될까요? 생리심리학자들과 문화인류학자들이 그 점에 대해 연구를 했습니다. 100년 전쯤 산속에서 호랑이를 만났다고 해봅시다. 호랑이가 나를 잡아먹으려고 달려오는데, 전두엽으로 '아! 저 호랑이 멋있다. 잡아서 호피 벗겨 팔아서 초가집을 기와집으로 바꾸고, 우리 엄마 비단옷 사주고, 우리 아기 꽃신 사줘야지!' 이런 생각을 하고 있으면 호랑이한테 잡혀 먹힙니다.

그런 순간에 살아남으려면 파충류처럼 아무 생각 하지 말고 전력을 다해서 싸우거나 도망가야 하기 때문에 뇌간으로 피가 가는 것입니다. 그렇게 진화적으로 설명이 가능합니다.

싸우거나 도망가려면 우리 몸이 전투태세로 바뀌어야 합니다. 전투태세로 바뀌기 위해서 우리 몸에는 순간적으로 변화가 일어납니다. 뇌하수체에서 스트레스 호르몬과 아드레날린이 분비됩니다.

우리 머리로 들어오는 정보가 처음 통과하는 부위인 편도핵으로 위험하다는 정보가 들어가면, 순간적으로 위기 상황임을 감지하면서 온몸의 신경계를 통해 아드레날린과 스트레스 호르몬이 분비되는 것입니다. 그 다음에 싸우거나 도망가기 위해서 근육에 에너지가 들어가야 하므로 혈당이 올라갑니다.

혈당과 혈압이 올라가고, 또 혈당과 혈압을 올려주기 위해서 심장이 빨리 뜁니다. 심장이 평소에는 75회 정도 뛰다가 위기상황이 되면 빨라져서 온몸에 에너지를 보내줍니다. 95회, 100회 이상 뛰면 신호가 갑니다. '아, 위기 상황이구나. 지금은 생각할 겨를이 없다.' 그래서 자동적으로 전두엽으로 피가 가지 않게 됩니다.

남녀에 따라 감정의 홍수 상태도 다르다

감정의 홍수 상태는 남자가 먼저 일어날까요, 여자가 먼저 일어날까요? 그리고 감정의 홍수 상태가 정상으로 돌아올 때는 누가 먼저 돌아올까요?

감정의 홍수 상태는 남자가 빨리 일어납니다. 반면에 감정의 홍수 상태에서 벗어나는 것은 여자가 빠릅니다. 다시 말하면 남자가 감정의 홍수 상태에 빨리 빠지고, 거기서 회복되는 데는 훨씬 더 오래 걸립니다.

남자들이 겪는 감정의 홍수 상태

남자들이 왜 감정의 홍수 상태에 빨리 빠지고, 거기서 빠져나오는 데는 오래 걸릴까요? 학자들이 이 문제에 대해 연구를 했습니다.

인류사는 전쟁의 역사라고도 할 수 있습니다. 전쟁이 일어났을 때 남자들은 '내 양말 어디 있지?' '신발 어디 있지?' 이런 생각을 할 겨를이 없이 나가서 싸우거나 도망갔습니다. 그래야 살아남을 수 있었기 때문이죠.

전쟁 중에는 어디서 돌이 날아오고 화살이 날아올지 모르니까 오랫동안 경계심을 풀어서는 안 됐습니다. 『삼국지』에 보면 후퇴한 줄 알았던 적군이 바위나 산 뒤에 숨었다가 급습하여 몰살당하는 경우가 있지 않습니까?

목숨을 부지하려면 주위를 잘 살펴서 완전히 안전하다고 생각될 때만 경계심을 풀어야 했죠. 따라서 남자들이 감정의 홍수 상태를 지나 제자리로 돌아오려면 20~30분은 걸립니다. 담배라도 피우고, 숨도 좀 고르고 해야 합니다.

감정의 홍수 상태에서는 전두엽으로 피가 가지 않기 때문에 생각을 하지 못합니다. 부인이 '술 마시지 마라' '늦게 들어오지 마라' '돈 아껴 써라' 아무리 구구절절 옳은 소리를 하더라도, 큰소리로 얘기하면 남자들은 소뇌 편도에서 '아! 공격이다' 하고 받아들입니다.

공격을 받으니 혈당이 올라가고, 혈압도 올라가고, 스트레스 호르몬이 분비되면서 전두엽으로 피가 가지 못하니까 정보 처리도 안 됩니다. 그러니 뱀이나 악어에게 일장훈계하는 것과 큰 차이가 없는 것입니다.

또한 파충류의 뇌 쪽으로 피가 모이면서 '욱!' 하고 폭력을 행사하게 되거나, 담쌓기 상태가 됩니다. 그러면 여자 입장에서는 어떻게 느껴질까요? 참고 참다가 큰맘 먹고 얘기했는데 묵묵부답이거나 주먹이 날아오거나 문을 탁 닫고 나가버리니까 화가 나죠. 주먹이 날아오면 억울하고 분하고, 남편이 문을 닫고 나가면 무시당하는 느낌, 거부당하는 느낌이 듭니다.

그래서 따라가서 더 뭐라고 하게 됩니다. "진짜 못 알아듣겠어?" 그러면 남자는 더 도망갑니다. 이런 상황을 '도망자와 추적자'의 관계라고 이야기하기도 합니다.

여자들이 겪는 감정의 홍수 상태

그런데 여자들은 왜 감정의 홍수 상태가 남자보다 빨리 일어나지 않을까요? 전쟁이 났을 경우, 여자들은 '큰애 어디 갔지? 작은애는 또 어디 갔어' 하면서 아이들은 물론 시어머니, 할머니, 할아버지까지 챙겨야 합니다. 게다가 먹을 것 챙겨야 하고, 돈 챙겨야 하고, 금가락지 숨겨야 하고, 바쁩니다.

즉, 여자들은 그런 상황에서 전두엽을 통해서 우선순위 정하기, 정리 정돈하기, 감정 조절과 충동 조절 등을 다 해야 살아남습니다. 그래서 여자는 총소리를 들어도 전두엽으로 피가 들어갑니다.

여자들은 전쟁이 났다고 해도 아기가 울면 젖을 안 주고 도망갈 수가 없죠. 아기의 울음 소리에 옥시토신이 분비됨으로써 빨리 마음이 안정되어 금방 아기에게 젖을 줄 수가 있습니다. 연구에 따르면 옥시토신은 사회적 인식, 결속력, 신뢰, 사랑 등과 밀접한 관련이 있다고 합니다.

포유류의 호르몬이라고도 하는 옥시토신 덕분에 여자들은 마음이 빨리 진정됩니다. 그래서 부부싸움을 하다가도 친구에게서 전화가 오면 "응, 아무개니? 잘 있었어? 나도 잘 있어" 하면서 목소리를 바로 바꿀 수 있습니다. 남자들은 그게 안 되는데 말이지요.

단, 여성 중에도 쉽게 감정의 홍수 상태에 빠지는 사람들이 있습니다. 이들은 대개 어릴 때 지속적인 학대나 심각한 심리적 외상을 입은 경우가 많습니다. 이들 가운데는 남자들처럼 흥분과 각성 상태가 되는 유형도 있고, 반대로 아무 말도 못하고 얼어붙어서 멍하니 꼼짝 못하고 있는 유형도 있습니다. 마치 호랑이의 표적이 된 사슴이 죽은 듯 멍하니 가만히 서 있는 것처럼 말입니다.

기억 속에 문제의 단서가 들어 있다

감정의 홍수 상태가 일어나는 데 있어서 소뇌의 편도핵은 '센서' 역할을 합니다. 그보다 더 중요한 것은 '해마'라는 기억 처리 부위의 역할입니다. 이 기억 처리 부위에서 아기 때부터 죽을 때까지 한 사람이 경험하는 모든 것이 처리됩니다. 그리고 입력된 내용에 따라 새로운 정보에 대해 반응하게 됩니다.

즉, 사람이 자극에 무조건 반응하는 게 아니라, 기억에 어떠한 내용이 입력되어 있느냐에 따라 같은 정보에 대해서도 다른 반응이 나올 수 있다는 것이죠.

예를 들어 다섯 살 때 개에게 물렸다고 해봅시다. 그러면 아이는 정말 놀라고 무섭고 아프겠죠. 그 경험이 깊이 저장됐다가 10년 후, 20년 후, 30년 후에도 멀리서 컹컹 개 짖는 소리가 들리면 '헉, 개다!' 하고 인식함과 동시에 머리가 쭈뼛 서고, 멍해지고, 심장이 두근거리면서 도망가게 됩니다. 아니면 돌을 던져서 싸우지요.

반면에 개를 좋아하고, 어려서부터 개가 친구 같은 존재였던 사람이라면 똑같은 개가 컹컹 짖어도 반가워서 달려가 쓰다듬어주죠. 보신탕을 즐기는 사람이라면 개를 보고 군침이 나올지도 모릅니다. 자기 안에 있는 경험에 따라 다 다르게 반응하는 것입니다.

술 문제도 마찬가지입니다. 만일 아버지가 술만 마시고 왔다 하면 엄마에게 폭력을 행사하고, 자는 아이들을 깨워서 야단치고, 살림을 부수고 했다면, 술에 대한 상처가 너무 커서 남편이 맥주 한 잔 마셔서 술 냄새가 살짝만 스치기만 해도 속이 뒤집어집니다.

그런데 만일 자신의 아버지가 술 마시고 집에 오면 노래도 부르고, 아이들 용돈도 주고, 군고구마도 사 갖고 오고, 잠도 잘 자고 했다면 남편이 술에 만취해서 들어와도 어서 오라고 하면서 "꿀물 타줄까?" 하고 반응하게 됩니다.

그러니까 부부문제에 있어서도 '나는 이 사람 때문에 정말 미치겠다' 하는 생각이 든다면 일단 자신의 어떤 기억이나 경험이 연상되는지부터 점검해 보는 것이 중요합니다. 이때 감정은 아주 중요한 단서를 제공하기도 합니다. 세부적인 사실이 의식적으로 기억되지 않는다 해도 비슷한 감정을 느꼈던 때를 떠올리면 대개 현재 나의 감정의 근원을 발견할 수 있는 경우가 많습니다.

기억 중에는 본인이 알고 있고 의식하고 있는 것도 있지만, 무의식 속에도 기억이 기록돼 있습니다. 최근의 연구에 따르면, 가장 예민하게 기억에 남는 시기가 영유아기와 사춘기입니다.

여자들의 경우 임신했을 때도 아주 예민한데, 그럴 때 있었던 일은 오랫동안 생생하게 기억됩니다. 임신했을 때 시어머니가 무심코 하셨던 섭섭한 말이나 남편이 했던 행동도 오래 기억에 남아서 영속적 갈등의 주제가 되기도 합니다.

최근에는 이런 연구도 진행 중입니다. 과연 첫눈에 사랑에 빠지는 것이 가능한가, 천생연분이란 것이 있는가에 대한 연구입니다. 아직 완전히 확인된 것은 아니지만, 생후 첫 3개월, 즉 생후 100일 이전에 아기에게 처음으로 사랑을 준 사람에 대한 인식의 패턴이 형성된다고 합니다. 자신에게 사랑을 준 사람의 목소리, 분위기, 냄새, 발소리, 촉감 같은 것들이 각인되어 패턴이 형성되었다가 나중에 철이 들어서 이성을 찾을 때 영향을 미칩니다.

그 패턴에 맞는 사람을 만나면 어쩐지 끌리고 첫눈에 반한 듯 즐겁고 좋은 것이지요. 반면에 그 패턴에 맞지 않으면 조건이 아무리 좋아도 어쩐지 마음에 안 듭니다.

문제는, 부모님에 대한 기억이 자식들의 결혼에 영향을 미치는 경우가 많다는 사실입니다. 부모님이 100퍼센트 좋을 수는 없지요. 예를 들어 아버지가 어머니에게 폭력을 행사했거나, 외도를 했거나 한 경우, 딸의 마음에는 양가감정이 생길 수 있습니다. 좋아하는 사람을 만나도 '결혼을 해야 하나 말아야 하나. 이 사람이 좋기는 한데 어쩐지 좀 그렇고……' 하는 마음이 들기 쉽습니다. 이렇게 부모의 패턴이 연관되는 경우가 있습니다.

여기서 다시 한 번 부부문제에 있어서 시작은 본인부터 해야 한다는 진리가 반복됩니다. '저 사람만 달라지면……'이 아닙니다. 내 안에 어떤 것이 기억되어 있는가, 어떤 치유되지 않은 상처가 있는가 하는 점부터 점검해 보는 것이 관건입니다. 부부문제만이 아니라 대부분의 심리치료가 마찬가지입니다.

감정의 홍수에서 벗어나려면

부부 중 한 사람이 감정의 홍수를 겪고 있다면 거기서 벗어나기 위해 적절한 조치를 취해야 합니다.

여름에 비가 많이 와서 홍수가 났다고 생각해 보세요. 비가 와서 강물이 위험수위를 넘어서서 홍수가 나면 뒤처리가 힘듭니다. 그런데 위험수위를 넘어서기 전에 수문을 열어서 물을 빼주면 홍수가 날 위험이 없습니다.

마찬가지로 감정의 홍수가 일어났을 때도 자기 달래기, 자기 진정을 해야 합니다. 위험수위를 넘어서 파충류가 되어 욕하고 싸우면 그 후유증이 정말 오래가고 깊습니다. 따라서 수위가 올라간다 싶으면 위험수위를 넘어가기 전에 수문을 열어줘야 합니다.

감정의 홍수를 진정시키기 위한 조치들이 효과를 나타내려면 먼저 다음의 조건들을 충족해야 합니다.

마음을 진정하는 데 적어도 20분 이상 할애한다

언뜻 길다고 느껴질 수 있는 시간입니다. 하지만 주요 교감신경전달물질인 노르에피네프린은 분해시키는 데 도움을 주는 엔자임 효소를 가지고 있지 않기 때문에 혈액을 통해 확산되어야 합니다. 이 과정에서 시간이 걸립니다.

감정의 홍수가 일어나 잠깐 휴식을 취할 필요가 있다고 느껴질 때 사용할 수 있는 일종의 신호를 만들어, 파트너가 신호를 보내면 언제든 쉬는 게 좋습니다.

자꾸 고통스러운 생각을 머릿속에 떠올리지 않는다

나에게 불쾌함을 준 배우자의 언행이나 행동을 자꾸 떠올린다든가, 이렇게 저렇게 반격을 가할 말들을 연습한다든가, 복수하겠다고 결심한다든가 하는 부정적인 생각을 하지 말아야 합니다. 대개 자신이 무고한 희생자라는 기분이 들 때 부정적 생각을 하게 되는데, 그러면 자기 자신만 더 괴롭습니다.

실제로 긴장을 풀어주는 활동을 한다

집 주변을 걷거나, 호흡을 하거나, 스트레칭을 하거나, 음악을 듣거나 하는 식으로 신체와 정신에 가해진 긴장을 완화해 주는 구체적인 활동을 하는 것이 좋습니다. 목욕도 긴장을 풀어주는데 특히 다양한 운동 기구와 활동거리가 있는 찜질방은 아주 좋은 스트레스 해소 장소라고 생각합니다.

감정의 홍수 상태에서 자기 진정을 하는 가장 간단한 방법이 호흡입니다. 호흡을 딱 두세 번만(대략 15초) 하면 심장 활동이 규칙적으로 되면서 진정됩니다. 간단하죠? 믿을 수 없다고 느끼는 분들도 있겠지만, 이는 의학적으로 검증된 방법입니다.

앞에서 말했듯이 감정의 홍수 상태가 일어나면 몸에서 신호가 옵니다. 가슴이 답답해지고, 심장박동이 빨라지고, 어금니가 꽉 물어지고, 뒷골이 뻣뻣해지면서 머리가 멍해집니다. 그런 신체적 변화가 느껴지면 빨리 자기 진정을 해야 합니다. 다음 방법을 한번 따라해 보세요. 앉아서 해도 되고 서서 해도 됩니다.

- 허리와 가슴을 폅니다.
- 마음속으로 하나, 둘, 셋, 넷 쉬면서 천천히 숨을 들이마시고, 그 상태에서 2초간 멈춥니다.
- 그다음 천천히 내쉽니다.

이때 시선을 한곳에 집중하면 더 쉽게 이완이 됩니다. 이렇게 호흡을 하면 혈당과 혈압이 내려가고 전두엽으로 피와 산소가 다시 들어갑니다. 파충류의 뇌로 피가 몰려서 싸우거나 도망가는 모드가 되지 않고, 전두엽으로 피가 몰리면서 생각을 하고 차분하게 얘기할 수 있게 됩니다.

이 호흡법은 과학적으로 검증된 것이어서 미국에서는 소방관, 경찰관, 응급실 의료진 등이 응급전화 받는 훈련을 할 때 반드시 배웁니다.

응급전화를 걸어오는 사람은 흔히 감정의 홍수 상태이기 때문에 얘기를 제대로 못합니다. 자기 집 주소도 똑바로 말을 못합니다. 뇌에서 정보처리가 잘 안 되니까요.

그럴 때 "저를 따라 해보세요. 하나 둘 셋 넷, 하나 둘 셋 넷"이라고 상담자가 두세 번만 전화로 천천히 호흡을 이끌어주면 전두엽으로 피와 산소가 가서 제대로 얘기를 할 수 있게 됩니다.

경험이 많은 상담자들은 이럴 때 자신부터 호흡을 천천히 하면서 이야기를 들어줍니다. 이렇게 상담자가 진정하면 전화를 건 사람도 진정이 됩니다. 그래서 저는 상담자 훈련을 할 때 상담자의 자기진정법을 많이 강조하고 함께 훈련을 합니다.

아이들에게도 이 호흡법을 가르쳐주면 좋습니다. 혹시라도 아이들이 밖에서 싸우고 왔을 때 자초지종을 얘기해 보라고 하면 말을 잘 못합니다. 흥분한 상태이기 때문에 전두엽으로 피가 안 가는 것이죠. 그래서 아이들에게 평상시에 호흡 연습을 시켜두면 좋습니다.

엄마와 함께 천천히 숨을 들이쉬고 2초간 쉰 다음 천천히 내뱉는 연습을 평소에 해둡니다. 그러면 형제끼리 다투거나 하는 상황에서도 "우리 너무 흥분한 것 같으니까 먼저 호흡부터 하자"라고 하고 나면 대화가 이루어질 수 있습니다.

부부도 마찬가지입니다. 감정이 끓어오른다 할 때 먼저 자기 달래기부터 해야 합니다. "너부터 진정해!" 하지 말고 '나부터 진정하자' 하는 겁니다. "나 호흡 좀 하고 올게"라고 말하고 하든지, 속으로 조용히 해도 됩니다.

호흡은 굉장히 간단하지만 무척 효과적인 방법입니다. 시간이 많이 걸리는 것도 아니고, 돈이 들거나 복잡한 도구가 있어야 하는 것도 아닙니다. 간단해서 언제든 활용할 수 있습니다. 호흡은 자기 달래기의 기본입니다.

나만의 스트레스와 긴장 해소법을 익혀두자

사람마다 스트레스를 받을 때, 혹은 긴장될 때 나름대로 자신을 달래고 긴장을 푸는 방법이 있습니다. 그중에는 건설적인 방법이 있고 파괴적인 방법이 있습니다.

술을 마시는 것은 순간적으로는 긴장을 이완하고 고통을 덜어주지만, 그것은 건설적인 자기 달래기는 아닙니다. 건설적인 자기 진정법은 자신에게뿐만 아니라 다른 사람에게도 도움이 되어야 합니다.

잠을 자거나 음악을 듣는 것도 좋은 방법이고, 기도도 좋은 방법입니다. 최근 뇌과학의 발달로 기도나 명상, 긍정적인 생각을 하는 동안 전두엽의 왼쪽 부위가 활성화된다는 사실이 밝혀졌습니다.

산책도 정말 좋은 방법입니다. 다리를 움직이면 도파민과 세로토닌이 분비됩니다. 그래서 불안증이나 우울증이 있는 사람은 걷기 같은 운동 요법이 필수입니다.

처음 5분 걷고, 그 다음 날 1분 더 걷고, 그 다음 날 또 1분을 더 걷고 하는 식으로 두 달 정도에 걸쳐서 걷는 시간을 1시간 정도로 늘립니다. 그러면 그날 필요한 도파민과 세로토닌이 생성되어 잠도 잘 오고 마음도 편해지고 자기 진정이 됩니다.

자기 진정에 효과가 검증된 방식은 여러 가지가 있지만, 각자 자신에게 가장 편하고 친숙한 방법을 활용하면 됩니다. 그중 몇 가지를 들어보면 다음과 같습니다.

1. 신뢰하고 의지할 만한 사람에게서 지지와 위로를 받습니다.
2. 안전하게 느끼는 장소에 가서 쉽니다(실제로 그곳에 가지 않더라도 긴장을 이완한 상태에서 상상 속 여행이 가능합니다).
3. 상상 속에서, 영화를 찍는 감독처럼 현재 벌어진 상황을 한 걸음 떨어져 보면서 어떤 각도에서 어떤 장면을 찍고 싶은지, 상황의 주인공이 자신이라면 어떤 대사와 몸짓을 할지를 생각합니다. 이것은 '프리즈 프레임(Freeze Frame)'이라는 기법의 하나입니다.
4. 정보를 수집합니다. 아는 것이 힘일 수 있습니다. 모르면서 불안해하기보다 걱정이나 두려움의 실체를 찾아서 마주하면 오히려 두려움이 줄어들 수 있습니다. 마치 벽장 속에 유령이 있을 거라고 상상하며 떠는 것보다 불을 켜고 벽장을 열어보면서 확인하는 게 나은 것처럼 말입니다.
5. 사회적 지지 그룹을 찾거나 만듭니다.
6. 긴장을 이완해 주는 흥미로운 일을 배웁니다. 예를 들어 글 쓰기, 그림 그리기, 보드게임, 음악 감상, 독서, 영화 보기 등이 가능합니다.
7. 복지기관이나 공공기관 등 외부의 도움을 받습니다.

부부싸움 그 후가 더 중요하다

커피를 마시다가 쏟았을 경우 바로 닦으면 별 문제가 없습니다. 그런데 쏟은 것을 그냥 놔두면 변색되어 지우기 어려워지고, 곰팡이도 생깁니다.

이와 마찬가지로, 부정적 감정을 쏟아놓고 뒷정리를 하지 않으면 얼룩이 지고, 곰팡이가 피다가 나중에는 손을 쓸 수 없을 정도로 엉망진창이 되고 맙니다. 물론 누구나 감정이 상할 때가 있습니다. 하지만 감정 정리를 하지 못하면 그 감정은 계속 쌓여갑니다. 특히 부부싸움 후에는 감정 정리가 굉장히 중요합니다.

싸울 때 자신의 기분을 느낀다

부부싸움 후 감정 정리를 잘하려면 싸울 때 자신의 기분을 잘 알아야 합니다. '내가 지금 흥분했구나' '내가 지금 화가 났구나' '내가 지금 슬

	매우 그렇다	약간 그렇다	전혀 그렇지 않다
배우자의 비난이 부당하게 느껴졌다.			
기분이 상했다.			
따돌림당한 기분이 들었다.			
화가 났다.			
슬펐다.			
오해받는 기분이 들었다.			
비난받는 기분이 들었다.			
배우자가 날 싫어하는 것 같았다.			

프구나' '내가 지금 떠나고 싶구나' 등 일단 자신의 기분을 느낄 수 있어야 합니다. 전 페이지에 부부싸움 후의 감정에 대해 체크해 보십시오.

'매우 그렇다' 또는 '약간 그렇다'인 항목이 많다면 부부싸움을 잘못한 것입니다.

자신의 기분을 상대에게 이야기한다

그다음에는 그 기분을 자신의 관점으로 이야기합니다. '나는 이럴 때 이런 생각이 들어서 기분이 이랬어'라고 얘기할 수 있으면 됩니다. 싸움을 하고 나서 압도당하는 느낌, 슬프고 비난당하는 느낌이 들면 거의 말을 못합니다. 그런 감정을 그대로 두면 썩고 곰팡이가 생기게 됩니다.

그런데 "나는 어제 어머니에 대해 얘기할 때 당신이 나보다 어머니를 더 우선시하는 것 같아서 소외감을 느꼈어"라고 이야기하면 상대가 얘기를 들어줄 수 있는 분위기가 형성됩니다.

만일 "당신은 어떻게 당신 엄마 편만 들어?"라는 식으로 말하거나 "팔은 안으로 굽는다더니, 당신도 역시 가재는 게 편이더군!" 이런 식으로 '당신'을 비난하면 대화는 이루어질 수가 없습니다.

상대의 말 속에서 내가 이해한 부분을 확인한다

상대의 이야기를 들으면서 상대의 말에서 내가 이해한 부분을 확인해 봅니다. "아, 그러니까 당신 말은 이런 뜻인가? 내가 제대로 이해했나?" 이렇게 상대의 말을 경청했다는 것을 확인해 주면 서로 언성이 높아질 이유가 없습니다. '내 말을 알아들었구나' '내 말을 듣는구나' '내 말을 존중하는구나' 하는 마음이 들어서 대화가 부드럽게 이어집니다.

감정의 홍수 상태를 점검한다

자신이 감정의 홍수 상태에 있지는 않은지 점검하고, 자기 진정법을 통해 감정을 가라앉힙니다.

이 싸움에 자신이 기여한 바를 인정한다

"내가 시작부터 너무 격했던 것 같아" 하는 식으로 싸움이 커지게 된 데 자신이 잘못한 부분을 인정합니다. "당신이 먼저 그랬잖아"와 같이 '당신'을 비난하지 말고 나의 잘못부터 먼저 얘기하도록 합니다.

다음엔 어떻게 개선할지 이야기해 본다

"다음에 얘기할 때는 애들 다 자고 난 다음에 조용히 얘기하면 좋겠어"라는 식으로 향후 개선책이나 해결책을 제시합니다. 이상과 같이 하면 부부싸움 후에도 감정이 깨끗이 정리되어 찌꺼기가 남지 않을 수 있습니다.

감정의 홍수가 낳은 부작용, 가정 폭력

아무리 결점도 장점으로 보라고 하지만, 부부 사이에 절대로 가볍게 보아 넘기거나 눈감아서는 안 되는 것이 있습니다. 그것은 바로 가정 폭력입니다.

가정 폭력에 대해 연구하는 것은 쉬운 일이 아닙니다. 가정 폭력을 휘두르는 사람은 대개 스스로를 폭력자나 가해자라고 인정하지 않을 뿐 아니라 폭력 현장을 재현해 보는 것도 쉽지 않습니다. 따라서 피해자들의 사후 면담이나 조사로 얻어진 결과만을 가지고 이해할 수밖에 없지요.

하지만 가트맨 박사는 가정 폭력이 일어나는 '과정'과 폭력자들이 비폭력자들과 어떻게 다른가를 알아내기 위해 '연구의 귀재' 답게 자연스럽게 연구할 방법을 고안했습니다.

박사는 우선 워싱턴 주와 캘리포니아 주의 주요 신문에 부부 연구에 참가할 자원자들을 모집한다는 광고를 냈습니다. 다수의 표본 집단을 얻기 위해 대중매체를 활용한 것이지요. 참가자들에게는 교통비와 숙박비 외에 약간의 참가비를 주기로 했습니다. 수십만 명의 지원자들에게 사전 설문지를 우편으로 보내 작성하게 한 다음, 그중 폭력성이 있는 커플들만 '사랑의 실험실'로 초대했습니다.

여기서 가트맨 박사는 아주 중요한 사실을 발견했습니다. 폭력은 크게 두 가지 유형으로 나뉜다는 사실입니다. 상황적 폭력과 기질적 폭력입니다.

기질적 폭력 중 한 가지 유형은 흥분이 끓어올라 감정의 홍수 상태에서 폭력적으로 변하는 형이고, 또다른 유형은 폭력을 휘두르는 순간이나 과정에서 오히려 차분하고 냉정해지는 유형입니다. 가트맨 박사는 전자를 맹견형(pittbulls)이라 하고, 후자를 독사형(cobras)이라 부릅니다.

상황적 폭력형은 싸울 때는 으르렁거리고 화를 내면서 집어던지고 깨고 때리지만, 막상 그러고 나서는 후회를 하는 유형입니다. 이런 사람들은 대개 평소에는 아내에게 무척 잘해주다가 일단 화가 나면 후회할 만한 사건을 저지릅니다.

기질적 폭력형은 정반대입니다. 질적으로 다릅니다. 기질적 폭력형

중에 독사형은 폭력을 행할 때 아주 차분합니다. 혈압과 심장박동수도 평소보다 오히려 낮아집니다.

가트맨 박사는 이들이 나직한 소리로 화를 낼 때 심장박동수나 혈압이 낮아서 기계가 고장난 줄 알았다고 합니다. 이런 유형은 차근차근 분위기를 조성해 가면서 질문을 해서 상대가 대답을 하면 말대꾸했다고 때리고, 대답을 안 하면 "내 말을 무시해?" 하면서 때립니다.

기질적 폭력자 가운데 맹견형은 부모나 여자에게서 버림받은 상처가 깊은 사람들, 특히 어렸을 때 버림받은 상처가 큰 사람들인 경우가 많습니다. 한편 독사형은 대개 어려서 지속적인 학대, 특히 신체적 학대와 더불어 정신적·성적 학대를 지속적으로 받은 사람들인 경우가 많습니다.

가트맨 박사는 이 두 유형에 대해서 연구를 계속하고 있는데, 상황적 폭력은 부부치료를 통해 개선될 수 있지만, 기질적 폭력형은 개선되기 힘들다고 말합니다.

기질적 폭력형은 아주 가학적이고 심각한 범행을 저질러 감옥에 가기도 하는데, 비교적 빨리 풀려나옵니다. 특히 독사형은 법정이나 감옥에서 행동이 무척 모범적이어서 변호사, 판사, 검사들이 다 속기 때문입니다.

일반인들은 상황적인 폭력과 기질적인 폭력의 차이를 잘 모릅니다. 그러나 반드시 두 가지를 구별해서 대처해야 합니다.

상황형이든 기질형이든 무엇보다 중요한 것은 어려서부터 가정에서 예방할 수 있도록 교육하는 것입니다. 원론적인 얘기지만, 부부 사이를 평화롭게 유지하는 것이 가장 바람직합니다.

상황형과 기질형 모두 가정 해체 또는 폭력적이고 가학적인 가정환경의 영향을 많이 받기 때문입니다. 수돗물이 흐를 때 바닥의 물을 닦는 것보다 수도꼭지부터 잠그는 것이 급선무인 것과 같은 이치입니다.

Plus

인간의 뇌

파충류의 뇌(뇌간) : 생명 유지(숨쉬기, 체온 조절, 맥박 조절, 먹기, 자기 등)
뇌간, 즉 '파충류의 뇌'는 생명을 유지하는 일을 합니다. 숨 쉬고, 잠자고, 심장이 뛰고, 호흡하는 것은 물론, 체온 조절과 맥박 조절도 이 부위에서 이루어집니다. 갓난아이도 뇌간은 거의 완성된 상태로 태어납니다. 그러니까 태어나자마자 숨쉬고, 젖 먹고, 소화하고, 배설하고, 잠자고, 체온을 조절할 수 있죠. 이 뇌의 구조와 기능이 마치 파충류와 같아서 흔히 '파충류의 뇌'라고도 부릅니다.

포유류의 뇌(변연계) : 감정, 성욕, 식욕, 느낌
유년기와 사춘기 때 뇌의 중간 부분에 위치한 감정의 뇌가 완성됩니다. 감정의 뇌는 어린이나 어른이나 노인이나 다 비슷합니다. 아이와 어른만이 아니라 포유류는 거의 같습니다. 개나 고양이도 좋아하고 싫어하고 놀라고 무서워하고 슬퍼하는 등 감정을 다 느낍니다. 그래서 원래 명칭은 '변연계'이지만 일명 '포유류의 뇌'라고 부릅니다.

영장류의 뇌(전두엽) : 기획, 조직, 우선순위, 신중한 판단, 결과 예측, 충동/감정 조절
그럼 사람은 동물들과 뭐가 다를까요? 말과 글을 배우고 사용하고, 생각하고, 판단하고, 우선순위를 매기고, 정리정돈하고, 감정을 조절하고, 충동을 조절하죠. 이런 역할을 하는 부분은 뇌의 앞에 위치한 '전두엽'입니다. 전두엽은 남자의 경우 평균 30세 정도 되어야 완성되고, 여자는 24~25세쯤 완성됩니다.

편도핵
변연계와 뇌간 사이에 있는 '편도핵'이라는 부위는 우리 뇌에 끊임없이 들어오는 정보 중에서도 특히 공포와 불안 등 강한 자극을 처리하는 곳입니다. 시각, 청각, 후각, 촉각 등 모든 정보가 편도핵을 통과합니다. 마치 큰 부대의 정문에 있는 헌병과도 같습니다. 헌병이 안전한 사람이나 차량은 통과시키지만 의심 차량이나 무장괴한이 들어가려고 하면 비상벨을 울리듯, 편도핵에서도 위험한 정보가 들어가면 뇌 전체에 비상벨을 울려줍니다.

Summary

감정의 홍수

🍃 감정의 홍수가 일어날 때 신체 변화
- 아드레날린이 분비된다.
- 스트레스 호르몬이 분비된다.
- 혈압과 혈당이 올라간다.
- 맥박이 1분에 95회 이상 뛴다.
- 뇌의 전두엽으로 피가 가지 않아 정상적으로 생각하고 판단할 수 없게 된다.

🍃 자기 진정이 필요한 이유와 방법
- 감정의 홍수가 일어나면 상대의 말을 들을 수 없게 된다.
- 자기 진정을 해야 두뇌에서 정보 처리가 가능해진다.
- 불쾌한 생각을 반복하거나 리허설하지 않는다.
- 호흡법을 실시하고, 음악 듣기, 산책 등 자신에게 맞는 진정법을 사용한다.

🍃 부부싸움 후의 감정 정리법
1. 싸울 때 자신의 기분을 느낀다.
2. 자신의 기분을 상대에게 이야기한다.
3. 상대의 말 속에서 내가 이해한 부분을 확인한다.
4. 감정의 홍수 상태를 점검한다.
5. 싸움에 자신이 기여한 바를 인정한다.
6. 다음에는 어떻게 개선할지 이야기를 나눈다

Chapter 12

서로의 꿈과 가치를 공유하기

'갈등 속의 꿈'이라는 말이 있습니다. 두 사람 사이에 갈등이 있을 때, 그 갈등이 한 사람이 갖고 있는 가장 소중한 꿈으로 인한 것이라는 뜻입니다.

가트맨 연구소에서는 부부가 호소하는 성격 차이, 의견 차이, 이상한 습성 등에 깊이 숨어 있는 '꿈'을 찾는 연습을 시킵니다. 줄리 가트맨 박사는 모든 문제 속에는 사연이 숨어 있다고 말합니다. 부부가 각기 양보할 수 없는 입장을 가지고 있다면 거기에는 중요한 의미가 담겨 있는 경우가 많습니다.

다음 이야기들은 가트맨 부부치료 워크숍에서 줄리 가트맨 박사가 소개한 '갈등 속의 꿈'에 대한 사례입니다.

남편과 심각한 갈등을 겪던 사례자는 다음과 같이 자신의 입장을 이야기합니다.

"저는 집안이 어느 정도 깔끔하게 정돈돼 있는 것을 좋아해요. 그러다 보니 항상 남편이 어질러 놓은 것을 치우고 있는 자신을 발견합니다. 남편은 정말 배려심이 없고, 이런 상황에 신물이 납니다."

이 아내의 갈등 속에는 어떤 꿈과 문제가 숨어 있는 것일까요?

"저는 매우 위태로운 가정에서 자라났습니다. 어릴 때 제가 기댈 수 있는 것은 아무것도 없었습니다. 엄마는 가끔 학교로 저를 데리러 오는 것을 잊었고, 저는 그게 너무 싫었어요. 집에 돌아오면 저녁식사도 차려져 있지 않았고, 다음 날 학교 갈 때 입을 깨끗한 옷도 없었습니다. 저는 동생들을 위해 무거운 책임을 어깨에 짊어져야 했어요. 나이도 어린 제가 그런 일을 해야 한다는 게 원망스러웠어요.

부모님은 철부지들이었습니다. 저는 제 자식과 가족을 위해 훨씬 더 건강한 가족환경을 만들어주고 싶어요. 저에게 있어서 질서란 안전이고 평화를 뜻해요. 집이 어질러져 있으면 어린 시절의 혼란스러운 때로 다시 돌아가는 것 같아서 견딜 수가 없고 화가 치밀어오릅니다."

그렇다면 이 아내의 남편은 어떤 입장을 가지고 있을까요?

"아내는 너무 심하게 깔끔하고 정리정돈에 집착하는 것 같습니다. 저 역시 우리 집이 어느 정도 질서와 청결을 유지하기 바라지만 아내는 너무 지나칩니다. 아내가 치우고 난 뒤에 저는 항상 물건을 찾느라 애를 먹습니다. 아내는 남을 배려하지 않고 지나치게 지배적인 것 같아요. 그런 점을 못 견디겠고 도저히 같이 못 살겠습니다."

남편 역시 이런 갈등 속에 자신만의 꿈과 문제를 가지고 있었습니다.

"우리 부모님은 매우 엄하고 규율을 강조했습니다. 그분들은 어떠한 반대 의견도 용납하지 않았어요. 그 결과 저는 반항아 비슷하게 되어버렸습니다. 권위 같은 데 저항감을 가지고 있었지요. 사업을 하기로 마음먹은 이유도 그래서입니다. 집이란 최소한 나 자신으로 있을 수 있는 곳이며, 엄격한 규칙을 따를 필요가 없는 곳이어야 한다고 생각합니다.

나는 아이들이 그저 고분고분한 사람이 되지 말고 권위에 도전하고 자기 스스로 생각할 수 있게 되기를 바랍니다. 가끔 집안이 지저분해지더라도 나는 집에서는 자유롭고 싶습니다."

갈등 속에 숨어 있는 꿈을 찾아라

몇 해 전에 TV 부부상담 프로그램에 출연했던 어느 부부가 아직도 기억에 선합니다. 예쁘고 알뜰하고 가정적인 아내와 성실하고 꿈 많은 남편, 이 둘 사이에는 영특하고 건강한 아들 둘이 있었습니다. 아내는 미장원을 운영하고, 남편은 포크레인(중장비) 기사였는데, 남편이 늦게 들어온 어느 날 아내가 기다리다가 깜빡 잠이 든 사이 남편이 집에 와보니 문이 잠겨 있었습니다. 그는 아내가 고의적으로 문을 안 열어준다고 생각하고 가출을 했습니다.

진실 공방 속에 둘의 관계는 급속히 나빠졌고, 이혼의 위기로 치달았습니다. 아내는 아이들을 위해서라도 남편의 마음을 돌리고 싶어서 무척 노력을 했지만, 남편은 겉으로 빙빙 돌았습니다. 관계 회복을 위해 상담실에 왔을 때도 늦게 도착하고 실내에서도 짙은 선글라스를 끼고 속마음을 좀처럼 보이려 하지 않았습니다.

남편은 차라리 이혼하고 혼자 살겠다고 주장하고, 아내는 그 정도 오해로 이혼한다는 게 말이 되냐, 도저히 납득이 안 간다, 혹시 다른 여자가 생긴 건 아니냐 하고 의심할 지경이 되었습니다.

저의 임상적 판단으로 남편은 다른 여자가 있었던 게 아니라 그의 꿈을 포기할 수가 없었던 것입니다. 이들의 불화 속에는 각자의 꿈이 갈등하고 있었습니다. 그의 꿈은 포크레인 사업가가 되는 것이었습니다. 그는 상담 중에 "남자로 태어나서 남의 눈치 보고 월급 받아가며 청춘을 보낸다는 건 너무 무의미하고 따분한 일이다"라는 말을 반복해서 했습니다.

아내의 귀에는 이 말이 들리지 않는 것 같았습니다. 말도 안 되는 소리라고 생각했겠지요. 그러나 40대인 남편은 더 기운이 빠지기 전에 포크레인으로 개인 사업을 꼭 해보겠다는 꿈을 접을 수가 없었습니다.

그가 이런 꿈을 갖게 된 가장 큰 계기는 아버지였습니다. 자신의 아버지가 평생 남의 고용인으로 살다가 늙고 보니 인생이 너무 초라하고 헛산 것 같다고 말하는 것을 들으며 자신은 흥하든 망하든 꼭 사업을 해야겠다는 포부를 가지게 되었다고 했습니다.

반면 아내의 꿈은 안정적인 가정이었습니다. 월급을 받아 알뜰하게 살림하고 저축도 해서 아이들이 더 크기 전에 방 세 개짜리 아파트로 넓혀 가서 아이들이 공부방이라도 가질 수 있게 하는 게 꿈입니다.

아내는 꿈을 위해 미장원 일을 열심히 했고, 어렵사리 분양받은 35평 아파트의 잔금을 치르기 위해 더 열심히 일하고 더 아끼며 저축하던 참이었습니다.

그런데 어느 날부터 남편이 아직 입주도 안 한 아파트를 팔아서 사업 자금을 달라고 하니까 아내는 도저히 양보할 수가 없었던 것입니다. 안정된 보금자리에서 아이들 공부를 잘 시키려던 자신의 꿈이 깨지는 것 같아 어떻게든 남편을 설득해 보려고 안간힘을 쓰고 사정해 보아도 남편은 요지부동이었습니다.

그러던 와중에 남편이 술 마시고 늦게 들어온 날 기다리다 깜빡 잠이 들었는데, 남편은 벨을 눌러도 답이 없자 아내가 자신의 사업에 대한 포부를 꺾으려 하더니 이제는 아예 남편을 무시하고 집에서 쫓아내기까지 한다고 생각하게 된 것입니다.

이렇게 고집 센 여자와는 살 수 없다고 판단하고 집을 나와 기술자들이 현장에서 임시로 생활하는 컨테이너 하우스에서 한 달째 기거하면서 계속 포크레인 사업의 꿈을 키우고 있었습니다.

많은 초보 부부상담가들은 이럴 때 '문제 해결'로 직행하려고 합니다. 여자 상담가라면 남편에게 "무리한 사업보다 가정의 행복이 더 중요하지 않으세요?"라고 할지 모릅니다. 반면 남자 상담가라면 아내에게 "남자의 야망을 접으라는 것은 성을 바꾸는 것보다 더 힘든 일입니다"라고 설득할지도 모릅니다.

하지만 둘 중 한 명이라도 자기 꿈을 접거나 양보를 한다면 단기적으로는 고비를 넘길지 모르나 두고두고 화근이 되어 노년기까지 불화와 갈등이 끊이지 않게 됩니다.

이럴 때 가트맨 방식은 '해결하려는 의지를 버려라'라는 처방을 내립니다. 매우 역설적으로 들리지만, 이것은 효과가 검증된 분쟁 해결의 최선의 방책입니다. 이것을 '라포포트' 방식이라고 합니다.

라포포트 방식을 설명하기 전에 라포포트 박사에 대해 조금 설명을 드리겠습니다. 아나톨 라포포트(Anatol Rappoport)는 원래 러시아 출신의 피아니스트였습니다. 하지만 나치 치하 비엔나에서 음악가로 성공할 수 없다는 걸 깨닫고 미국으로 이민 가서 시카고대학교에서 수학으로 전공을 바꾸었습니다. 그는 수학적 생물학(Mathematical Biology)의 창시자였던 라셰브스키의 수제자로서 97세로 사망하기까지 관심 영역을 수학, 물리학, 생물학, 사회학, 심리학, 정치학으로 유연하게 확장시켜 나갔습니다.

그는 〈게임이론〉, 〈사회적 네트워크〉 등 300편의 논문을 쓴 학자로서, 대학에서 최초로 베트남전을 공식적으로 반대했고, 동서고금의 분쟁사를 깊이 연구하여 어째서 어떤 분쟁은 평화적으로 해결되었고 어떤 분쟁은 인류의 비극으로 끝나게 되었는가를 분석했습니다. 그 결과 평화를 얻기 위한 인류보편적 공식이 있다는 것을 발견하여 말년에는 토론토대학교에서 무보수 자원 교수로 '평화학'이라는 새로운 분야를 창설했습니다. 현재 토론토 대학은 국제 분쟁을 조정하고 타결하는 과학적 평화학의 본산지가 되었습니다.

가트맨 박사의 친구이기도 한 라포포트 박사는 가트맨에게 이런 제안을 했다고 합니다. 국가와 민족 간의 분쟁에도 평화적으로 타결하는 공식과 비극으로 끝나는 공식이 있는데, 부부의 갈등에도 이 원리를 적용해 보면 어떨까 하고 말입니다.

그래서 적용해 보았더니, 과연 이제까지 수많은 부부들이 도저히 타협하지 못하고 파국으로 결말을 맺던 것을 평화적으로 이끌어가더라는 것입니다.

여기서 나온 답이 '갈등과 분쟁을 해결하려면 먼저 해결하려는 의지를 버려야 한다'는 것입니다. 그럼 무엇을 어떻게 해야 할까요? 라포포트 공식의 핵심은 이것입니다.

내 말을 하기 전에 먼저 상대의 심정을 들어줘라.
상대편의 입장으로 건너가는 다리는 '대화'를 이끌어내는 것이다.

문제가 맞물려 정체된 상황은 남이 보면 작고 하찮은 문제일지 몰라도 사실은 심각한 상징적 의미가 숨어 있는 경우가 많습니다. 겉으로는 새

집을 사거나 사업자금을 구하거나 자녀를 돌보거나 하는 문제에 관해 이야기하는 것처럼 보일 것입니다. 하지만 진짜 문제는 그게 아니지요.

어떤 문제에 관해 타협이나 감정적 이해에 도달하지 못한다면 그것은 각자의 입장 뒤에 숨은 상징적 의미에 도달하지 못했기 때문입니다. 분노와 두려움을 넘어서서 상대의 입장이 그 사람에게 어떤 의미를 지니는지 물어봐야 합니다.

겉으로 드러난 '문제'만 이야기한다면 앞으로 나아갈 수가 없습니다. 그 문제가 서로에게 어떤 의미가 있는지 이야기해야 합니다.

문제를 풀거나 타협하려는 시도를 접어두고, 서로를 깊은 수준에서 이해하는 데 초점을 맞춰야 합니다.

어떤 문제에 관한 상대의 '입장'은 그 사람의 진정한 꿈이 무엇인지, 그 꿈이 왜 그렇게 큰 의미를 지니는지, 왜 그것이 자아의 핵심이 되는지를 탐구할 수 있는 '초대장'이라고 줄리 가트맨 박사는 역설합니다.

앞서 소개한 중장비 일을 하는 남편은 자신의 깊은 꿈을 드러내기까지 많은 용기가 필요했을 것입니다. 아내가 말도 안 되는 소리라고 할 때마다 진정한 자아의 핵심이 거부 당하고 무시 당하고 조롱받는 듯한 기분을 떨치기 어려웠을 것입니다.

그가 선글라스를 벗고 아내의 눈을 들여다보며 자신의 꿈을 말할 때, 그의 목소리는 떨렸고 눈에는 눈물이 고였습니다.

아내 역시 자신의 꿈을 말하면서 아이들에게 따뜻하고 자상한 아빠가 돼주기를 바라는 남편이 가출했을 때 단란한 가정에 대한 자신의 꿈이 산산조각 나면서 너무 비참하고 외로웠다고 통곡을 했습니다.

두 사람이 서로의 깊은 꿈을 듣고 이해하자 화나고 절망스럽던 감정은 눈 녹듯 사라지고 이해, 공감, 수용의 여지가 싹트기 시작했습니다.

서로의 이야기를 무비판적으로 경청하고 수용하자, 감추고 거짓말하고 돌려서 말할 필요가 없어졌습니다. 마음속 깊은 꿈을 이야기해도 거부 당하지 않을 거라는 안전감을 느낀 것이지요.

부부관계에서 남성과 여성의 꿈은 모두 존중되어야 합니다. 가트맨 박사는 결혼은 두 사람의 꿈이 모두 존중되어야만 행복하게 유지될 수 있다고 말합니다. 그러나 불행히도 우리는 여성들이 부부관계를 위해 자신의 꿈을 기꺼이 희생하려는 모습을 자주 봅니다.

우리의 꿈이 상대에게 이해받지 못할 때는 그 꿈이 하찮고 이상하고 수치스러운 것으로 여겨지기도 하고, 꿈을 갖는다는 것에 죄책감이 느껴지기도 합니다. 하지만 상대의 꿈을 존중하는 것이 부부관계에도 도움이 된다는 사실을 깨달아야 합니다.

저는 어릴 때 부모님으로부터 '지는 게 이기는 것'이라는 말씀을 숱하게 들으면서도 그 뜻이 무엇인지 몰랐습니다. 하지만 결혼생활을 하면서 지는 게 이기는 것이라는 걸 진심으로 깨닫게 되었습니다. 부부싸움에서 승리한들 자기도 모르는 사이에 배우자의 꿈을 산산조각내 버린다면 과연 승리했다고 할 수 있을까요? 온전한 승리란 서로의 꿈을 지지해 주는 관계일 것입니다.

부부끼리 꿈을 공유하는 법

부부가 서로의 꿈에 대해 알고 공유하는 것은 굉장히 중요합니다. 꿈이 다른 경우에는 타협안을 내놓기 전에 먼저 상대의 관점이나 입장을 잘 들어야 합니다. 이것이 앞서 언급했던 라포포트 방식의 핵심이기도 합니다.

예를 들어 아내가 "고등학교 다닐 때부터 내 꿈은 죽기 전에 한 번이라도 내 이름으로 시집을 내는 거야"라고 말했는데 남편이 대뜸 "꿈 깨서. 당신 지금 나이가 몇인데 그런 문학소녀 같은 생각을 하고 있어? 나이 50이 다 된 사람이!"라고 말하면 남편에 대한 신뢰가 완전히 깨집니다.

마음속에서 '이걸 어떻게 복수하지? 그래, 어디 네 꿈 한번 얘기해 봐. 완전히 짓밟아줄 거야!' 이런 마음이 생기게 마련입니다.

남편이 "내 꿈은 자전거 타고 해안선을 따라서 달리는 거야. 고등학교 때부터 굉장히 하고 싶었어"라고 말했는데 부인이 "웃기지 마. 사람들이 웃겠다. 할아버지 다 돼서 자전거 타다가 길에서 사고라도 나면 어떻게 할래?"라고 이야기한다면 남편에게도 그것이 굉장히 상처가 됩니다.

그래서 '너는 너대로 살아라. 나는 내 꿈 찾아갈래' 하는 생각이 듭니다. 그러다가 나의 꿈을 이해해 주는 사람을 만나면 너무 반갑고, 고맙고, 가깝게 느껴집니다.

외도는 이럴 때 생기는 경우가 많습니다. 세계적인 외도 전문가인 셜리 글래스의 연구 결과에 따르면, 배우자로부터 정서적으로 배반감을 느낀 경우 다른 사람에게서 그 정서적인 꿈을 이해받고 공유할 수 있을 때 외도를 하게 되는 경우가 많다고 합니다.

그래서 꿈은 굉장히 소중하게 다루어야 합니다. 상대가 꿈을 이야기했을 때 섣불리 비판하거나 충고하거나 조언해서는 안 됩니다. 무조건 열심히 들어줘야 합니다.

"아, 그렇구나. 언제부터 그런 생각을 했어? 그 꿈을 생각하면 어떤 기분이 들어? 꿈을 어떻게 이루고 싶어? 꿈을 이루고 나면 기분이 어떨까?" 하는 질문은 할 수 있습니다. 단, 아무런 비판이나 선입견을 담지 말고 열심히 들어주면서 "그렇구나!" 하고 수용해야 합니다.

꿈 자체는 좋고 나쁘고, 잘나고 못난 것이 없습니다. 꿈을 이루지는 못하더라도 상대가 나의 꿈에 대해 진지하게 들어줬다는 것만으로도 친밀감이 높아지고 신뢰감이 커집니다. 꿈이란 그 사람의 핵심이며, 존재의 기반이며, 삶의 지향이 되는 아주 소중한 부분이니까요.

행복한 가정에는 꿈과 문화가 흐른다

가트맨의 '행복한 집' 모델의 맨 윗층은 '함께 만드는 우리 집 문화'입니다. 연구를 오래할수록 가트맨 박사는 부부가 서로의 꿈을 알고 존중해 주는 것이 관계를 건강하고 행복하게 하는 데 얼마나 중요한지를 더 깊이 깨닫게 되었습니다.

그래서 최근에는 '부부가 함께 만드는 우리 집 문화'가 오랜 기간 부부가 함께 역경과 시련을 견뎌내고 행복하게 살아가는 데 있어서 핵심 요인이라는 것을 더욱 강조합니다.

그의 연구가 36년째로 접어들면서 신혼이었던 부부가 중년, 노년이 되면서 연구 초기에는 보이지 않던 이 부분의 중요성을 더 많이 알게 된 것입니다.

'함께 만드는 우리 집 문화'란 무엇일까요?

문화라 하면 거창하게 들리지만 사실 가족이 하는 일상사 중에도 문화적인 것이 많습니다. 가족이 명절을 어떻게 보내는가, 밤에 기도를 같이 하는가, 식탁에서 누가 먼저 수저를 드는가, 서로의 호칭을 어떻게 부르는가 하는 것들이 모두 문화입니다. 어떤 것이라도 가족이 함께 만드는 문화가 될 수 있습니다.

문화는 집집마다 다르다

미국 문화와 중국 문화가 다르듯이 가정의 문화는 집집마다 모두 다릅니다. 그래서 각자 결혼하기 전 가족의 문화 차이 때문에 결혼 후에 부부가 충돌하는 경우도 많습니다.

제가 하는 부부상담 중에 남편과 아내를 따로 보는 시간이 있습니다. 하루는 한 남편이 무슨 큰 비밀이라도 되는 양 아주 걱정스런 표정으로 말했습니다.

"나는 처가의 풍토를 이해할 수가 없어요. 처가에 가니까 딸들이 장인어른이 누워서 텔레비전 보시는데 머리맡을 그냥 지나가고, 장인어른의 대머리를 만지면서 웃고 하는 겁니다. 정말 기절하는 줄 알았습니다. 저희 집에서는 아버지 발밑을 지나가도 어려워하면서 자랐거든요. 감히 아버지 눈도 똑바로 쳐다본 적이 없어요. 그런데 처가에서는 그렇게 상스러운 행동을 거리낌 없이 하는 겁니다. 장가 잘못 간 게 아닌가 싶었어요."

반면 아내는 제게 이렇게 말했습니다.

"제 친정은 식구들이 다정다감한데 시댁은 권위적이에요. 집 같지가 않고 무슨 조직이나 군대 같아요. 시아버님 한마디에 식구들이 벌벌 기는데 저는 그게 너무 웃기고 어이가 없어요. 뒤에서는 다들 싫어하면서도 앞에서는 듣는 척하는데, 전 그렇게는 못하겠어요."

이처럼 가정의 문화라는 것은 집집마다 다릅니다. 같은 나라 안에서도 지역마다 문화가 다르고, 한 지역에서도 집안마다 다릅니다. 그런데 대개는 자신에게 익숙한 문화를 우월하다고 생각합니다. 자신에게 익숙한 문화가 옳고 자연스럽고, '사람이면 이래야 하는 것 아냐?' 하고 생각하죠. 그런데 다른 집에서는 '아니, 이것이 더 자연스럽고 이것이 더 우월한데 왜 그러지?'라고 생각하기 때문에 문화끼리 부딪치게 됩니다.

어떤 아내는 학교 다닐 때 자신은 공부만 했고 나머지는 어머니가 다 해줬다고 합니다. 배가 고플 때면 어머니가 방으로 과일이나 빵을 가져다주었기에 식사시간이 따로 없었습니다. 그래서 결혼 후에도 아무 때나 배고플 때가 식사시간이었다고 합니다.

반면 남편은 농촌에서 아침에 둥그런 밥상에 가족이 모여 앉아 뜨거운 김이 무럭무럭 나는 밥을 먹고 하루를 시작했다고 합니다. 그런데 결혼 후 아내가 자신은 아침을 거르면서 남편에게는 알아서 찾아먹으라고 하자 너무나 푸대접 받는 기분이 들어서 불만이라고 말합니다.

이 또한 문화의 차이지 옳고 그름의 문제는 아니지요.

차이를 극복하고 우리 집만의 문화 만들기

그렇다면 이런 문화적 차이와 충돌을 어떻게 극복해야 할까요? 우선 각자의 집안 문화에 대해 이야기를 나눕니다. 이때 주의할 점은 절대로 상대의 문화를 비웃거나 비하하면 안 된다는 것입니다. 그리고 서로의 문화를 존중하되 결혼을 했으면 새롭게 나름의 문화를 만들어가야 합니다. '우리 자녀에게 어떤 문화를 남겨줄 것인가?'에 초점을 두면 두 문화가 평화롭게 공존하거나 새로운 차원으로 도약할 수 있는 해법을 찾을 수 있습니다.

예를 들어 아내의 집안은 기독교라서 제사 지내는 것이 불편하고, 남편은 유교 집안의 장남이라 제사 지내는 게 인간의 도리이고 효의 근본이라고 여길 경우를 가정해 봅시다. 이때 누가 옳으냐 그르냐를 판가름하려고 하면 죽을 때까지 다투어도 끝이 안 납니다.

하지만 '우리 아이가 설날이나 추석을 어떻게 기억하게 하고 싶은가?'를 기준으로 판단해 보면 바로 해답이 나옵니다. 명절 전부터 부모가 싸우고 사네 못 사네 하는 것이 명절 분위기라고 느끼며 자라게 할 것인가, 아니면 깨끗하게 의복을 갖추고 가족이 함께 아침 예배를 갔다가 오후에는 할머니, 할아버지 댁에 가서 제사를 지내는 성스럽고 화기애애한 분위기의 가족 축제로 기억하게 할 것인가는 전적으로 부부의 선택이고 책임입니다.

이런 새로운 문화 창조는 특히 재혼 가정에서 굉장히 중요합니다. 재혼 가정은 두 사람이 각자 이전 결혼에서 갖고 있던 가정 문화가 있기 때문에 새로운 문화를 만드는 게 쉽지 않을 수 있습니다.

즉, 돈 쓰는 방식, 음식 먹는 습관, 자녀 양육 방식 등에 대해서 이미 습관이나 가치관이 형성돼 있기 때문에, 양보와 타협이 없으면 함께 문화를 만들어가기가 어렵습니다. 주도권 싸움이 되기도 하고, 자존심 대결이 되기도 하는데, 그러면 굉장히 피곤하고 힘들어집니다.

어떤 것이라도 좋으니 작은 것부터 문화를 만들어야 합니다. 여기서 중요한 것은 '우리'입니다. '나는'이 아니라 '우리는 어떻게 하면 좋을까?'라고 생각해야 합니다.

가정불화를 겪는 사람들에게는 'we-ness'가 부족합니다. '너는 너, 나는 나. 너는 네 식대로 해라, 나는 내 식대로 할 테니까' 이렇게 되면 집에 지붕이 없는 것과 마찬가지입니다. 비가 오면 그대로 다 맞습니다. 그런 가정의 경우 어려운 상황이 생기면 극복하기 힘듭니다.

  우리 집의 문화를 만들 때는 작은 것부터 시작하면 됩니다. 예를 들어 식사할 때 TV를 보지 않는다거나, 한 달에 한 번씩 온 가족이 극장에서 영화를 본다거나, 일주일에 세 번씩은 가족이 모두 모여 책을 읽는다거나 하는 우리 가족만의 아름다운 문화를 만들 수 있지요. 그런 문화 속에서 가족에 대한 결속력과 자부심과 책임을 더 강하게 느낄 수 있습니다.

Summary

EXERCISE

 인생의 임무와 남기고 싶은 것

자신이 이 세상에 태어난 사명이 무엇인지 생각해 보고 써보기 바랍니다. 다음 질문에 반복해서 답해도 됩니다.

- 당신이 인생에서 이루고자 하는 것은 무엇인가요?
- 무엇을 위해 투쟁하거나 헌신하고 싶습니까?
- 어릴 때 꿈은 무엇이었고 현재 꿈은 무엇인가요?
- 무엇을 자녀에게 정신적 유산으로 남겨주고 싶은가요?
- 자녀가 성장하여 독립할 때 어떤 가족 문화를 가져가기를 바라나요?
- 오늘부터 우리 가족이 꼭 지키고 싶은 문화는 무엇인가요?

다 마치고 나면 배우자에게 당신의 답을 보여주고 대화를 나눠보기 바랍니다. 이것은 한 번으로 끝나는 게 아니고 죽을 때까지 지속해야 하는 과제입니다.

| 맺음말 |

　우리나라가 이혼대국이 아닌 결혼강국으로 세계의 모범이 될 수 있다는 희망과 믿음으로 이 책을 썼습니다. 서구가 200여 년에 거쳐 이룬 산업화를 한국이 40년 만에 성공적으로 이루었듯이, 인터넷 보급과 IT 산업도 10년 만에 이루었듯이, 서구에서 반세기에 걸친 이혼 실험 끝에 얻은 최고의 해답인 가트맨 방식을 배우고 활용하면 우리는 해낼 수 있습니다.

　관계의 달인이 많아질수록 이혼율은 낮아지고 행복지수는 높아지고 국가적 스트레스 비용은 낮아질 것입니다. 당연히 위기 아동이나 비행을 저지르며 우울하고 폭력적인 청소년 대신 잘 웃고 자신과 남을 존중, 배려하며 심리적 면역력이 높은 아동과 청소년들로 한국의 미래는 밝고 활기찰 것입니다.

　시작은 부부와 부모입니다. 마치 하루 세 번 이를 닦는 것으로 치통과

충치를 예방할 수 있듯이 하루 5분 정도만 서로에게 투자해도 관계가 건강하게 유지된다는 것이 밝혀졌습니다. 관계의 달인이 되는 것, 바로 우리 모두 이룰 수 있는 일이고 자라나는 후세들을 위해 우리 모두가 해야 할 일입니다.

지난 한 달 동안 책을 마무리하고 자료를 번역하며 동시에 가트맨 박사님 부부 내한 워크숍을 준비하느라 하루 4시간 정도밖에 잠을 못 잤습니다. 20년 가까이 저희 부부가 거의 매일 빠뜨리지 않았던 1시간의 산책마저 시간이 덜 드는 108배로 대치할 만큼 바빴습니다.

하지만 낙천적인 저는 밝은 쪽을 봅니다. 바쁘고 힘든 과정 속에 이 책을 쓰면서 저희 부부는 한층 더 돈독해지고 성장했습니다. 서로에 대해 더욱 깊이 이해하고 더욱 깊은 사랑을 느꼈습니다. 이렇게 몰두할 수 있도록 묵묵히 지지해 주고 물심양면 도와주고 함께 고생해 준 남편에게 한없는 고마움을 전합니다.

또 이 책이 나오기까지 많은 분들의 격려와 지지가 있었습니다. 늘 저를 아껴주시고 믿어주시고 기도해 주시는 시어머님, 저의 일을 자신의 일처럼 도맡아 해주면서도 생색 한번 안 내는 둘째 시누님, 체력이 달릴 때마다 어떻게 아시고 음식보약으로 저의 건강을 보살펴주신 스텔라 수녀님과 미카엘라 수녀님, 많은 일을 하면서 어디로 튈지 모르는 저를 무조건 믿고 따라와주며 함께 공부하고 성장해 온 HD마음뇌과학연수센터 선생님들(저의 수제자들!), 제가 하는 워크숍과 특강에 열심히 참여하여 좋은 질문과 피드백을 주셨던 수많은 상담사와 상담사 지망생들,

저를 믿고 자신들의 문제를 솔직하게 열어 보이고 도움을 청했던 수많은 내담자들, 그리고 이 책을 통해 더 많은 가정이 행복으로 가는 지도를 손에 쥘 수 있도록 출간을 결정하고 아낌없이 지원해 주신 해냄출판사 송영석 사장님과 직원들, 특히 저보다 더 열심히 동분서주해주신 이혜진 편집장님께 깊은 감사드립니다.

끝으로 2010년 그 바쁜 일정을 마다하고 일부러 한국까지 오셔서 미국보다 훨씬 적은 수의 전문가와 일반인들에게 직접 워크숍과 특강을 해주신 존 가트맨과 줄리 가트맨 박사님 부부께 진심으로 감사드립니다. 그만큼 그분들도 한국에서 희망을 보신 것이리라 믿습니다.

평화와 함께
최성애 드림

최성애 박사의 행복 수업

초판 1쇄 2010년 4월 10일
초판 39쇄 2024년 4월 20일

지은이 | 최성애
펴낸이 | 송영석

주간 | 이혜진
편집장 | 박신애 **기획편집** | 최예은·조아혜·정엄지
디자인 | 박윤정·유보람
마케팅 | 김유종·한승민
관리 | 송우석·전지연·채경민

펴낸곳 | (株)해냄출판사
등록번호 | 제10-229호
등록일자 | 1988년 5월 11일(설립일자 | 1983년 6월 24일)

04042 서울시 마포구 잔다리로 30 해냄빌딩 5·6층
대표전화 | 326-1600 **팩스** | 326-1624
홈페이지 | www.hainaim.com

ISBN 978-89-7337-009-2

파본은 본사나 구입하신 서점에서 교환하여 드립니다.